ullstein

Was für einige die Grundfesten ihres Selbst- und Beziehungsverständnisses auf unangenehme Weise infrage stellt, bedeutet für andere persönliche Entfaltung und neue Dimensionen des Vertrauens in der Beziehung. Svenja Sörensen geht dem Phänomen der offenen Beziehungen mit Fingerspitzengefühl auf den Grund. Ihre zentrale Überzeugung: Monogamie ist kein One-fits-all-Konzept, das unter keinen Umständen hinterfragt werden darf. Im Gegenteil, Svenja Sörensen ermutigt ihre Leser:innen, vermeintlich unumstößliche Wahrheiten über Partner:innenschaften kritisch zu betrachten und sich stattdessen auf die eigenen Wünsche zu besinnen.

SVENJA SÖRENSEN (* 1985) ist Mindset- und Beziehungscoachin. Auf ihrem Instagramaccount (@svenjasoerensen) beleuchtet sie das Phänomen offener Beziehungen als Beziehungsexpertin sowie entlang ihrer persönlichen Erfahrungen als junge Frau, Ehefrau und Mutter in einer offenen Ehe.

OFFEN LIEBEN

WIE OFFENE BEZIEHUNGEN WIRKLICH GELINGEN

SVENJA SÖRENSEN

Ullstein

Besuchen Sie uns im Internet:
www.ullstein.de

Wir verpflichten uns zu Nachhaltigkeit
- Papiere aus nachhaltiger Waldwirtschaft und anderen kontrollierten Quellen
- ullstein.de/nachhaltigkeit

MIX
Papier | Fördert gute Waldnutzung
FSC® C021394
FSC
www.fsc.org

Originalausgabe im Ullstein Taschenbuch
1. Auflage November 2023

Umschlaggestaltung: Favoritbüro, München
Autorinnenfoto: © Matthias Fischer | Bilderwerft
Layout und Satz: LVD GmbH, Berlin
Gesetzt aus der Scala OT
Druck und Bindearbeiten: ScandBook, Litauen
ISBN 978-3-548-06825-1

Inhalt

Vorwort 7

Einleitung: Meine eigene Geschichte – warum das Öffnen unserer Beziehung diese NICHT gerettet hat 11

Über Vorurteile, Stigmatisierung und viel Fantasie 21

»Warum führt ihr überhaupt eine Beziehung, wenn ihr euch nicht reicht?« 25

»Wer wirklich liebt, will nicht teilen!« 27

»Offene Beziehungen sind oberflächlich!« 30

»Das ist doch Fremdgehen mit Ansage!« 32

»Was ist, wenn sich eine:r verliebt?« 35

»Die armen Kinder!« 39

»Du Schlampe!« 42

»Ich könnte das nicht!« 45

Selbstbestimmt l(i)eben 49

Zwischen Norm und Selbstbestimmung – warum Schubladendenken ein Privileg ist 51

Das Märchen von der Liebe 54

Neue Beziehung – alte Muster 58

Selbstsabotage überwinden 62

Selbstfürsorge – Mach dich zur Priorität Nummer 1 in deiner Beziehung 79
Eigene Werte und Bedürfnisse erkunden 84

Nie wieder Pseudoharmonie – miteinander reden und Konflikte lösen 99
Gewaltfreie Kommunikation 100
Kommunikation und Verhalten verstehen 103
Konflikte richtig meistern 117
Radikale Ehrlichkeit 130
Umgang mit unterschiedlichen Werten und Bedürfnissen 133
Bedürfnis- und Erwartungsfalle 136
Verzeihen 139

Wie offene Beziehungen wirklich gelingen 145
Das eigene Warum hinterfragen – gute und weniger gute Motive für eine offene Beziehung 146
Offene Beziehung ansprechen 151
Erste Schritte in eine offene Beziehung 160
Unser erstes Date 180
Toolbox für den Notfall und Beziehungspflege 185

Schlussgedanken 211

Anmerkungen 213

Vorwort

Die meisten Menschen würden nicht auf die Idee kommen, dass es eine Alternative zu einer monogamen Beziehung geben könnte. Dass wir auch in der Organisation unserer Partnerschaften sehr unterschiedliche Vorstellungen und Bedürfnisse haben – und dass das in Ordnung sein könnte –, ist eine eher neue Denkweise. Doch es war nur eine Frage der Zeit, bis wir auch diesen Bereich unseres Lebens genauer hinterfragen und selbstbestimmter gestalten würden. Das tun wir nun: Beziehungskonzepte, die eine Alternative zur Monogamie darstellen, werden präsenter, auch wenn sie gesellschaftlich gesehen noch lange nicht der Norm entsprechen.

Aus meiner Sicht ist das ein fataler Fehler. Wieso sollten wir etwas so Wichtiges und Lebensveränderndes wie eine Beziehung eingehen, ohne vorher (und auch immer wieder aufs Neue) die Rahmenbedingungen abzuchecken? Die Antwort liegt auf der Hand: weil »wir« das immer so gemacht haben und alles andere – ähnlich wie ein Ehevertrag – als unromantisch gilt.

Doch ist es das wirklich? Was gibt es Romantischeres, als sich in einer Beziehung wahrhaftig auf Augenhöhe zu begegnen, sich miteinander auseinanderzusetzen, sich ehrlich füreinander zu interessieren, Gemeinsamkeiten und

Unterschiede herauszufinden und diese zu achten? Auf der Grundlage eigener Wünsche und Bedürfnisse Entscheidungen zu treffen und auch ganz bewusst und immer wieder Ja zueinander zu sagen, ohne einander verändern zu wollen. Mit so einer Haltung – sich selbst und dem Beziehungsmenschen gegenüber – können wir individuelle und dynamische Beziehungen gestalten, die sich uns anpassen – nicht umgekehrt.

Die unbewusste Monogamie als One-fits-all-Konzept erspart uns genau diese Auseinandersetzung, weil sie starre Regeln vorgibt und wenig Spielraum für Individualität und Unterschiedlichkeit lässt. Sich ein gesellschaftliches Konstrukt überstülpen zu lassen und sich in der damit einhergehenden Sicherheit zu wiegen hat Vorteile. Aber weil wir Menschen so unterschiedlich sind, bezweifle ich, dass Monogamie das beste Beziehungskonzept für alle ist. Je mehr ich mich persönlich mit alternativen Beziehungsmodellen beschäftigt habe, desto mehr bin ich zu der Überzeugung gekommen, dass sexuelle Treue kein Maßstab für Beziehungsqualität und Liebe ist. Ich bin aber auch nicht per se gegen monogame Beziehungen. Dieses Buch ist keine »Weg-von-Monogamie«-Anleitung, sondern ein »Hin-zu-Mutmacher«, um selbstbestimmt zu lieben. Wohin genau ihr möchtet, ist dabei natürlich euch selbst überlassen. Monogamie-Bashing ist aus meiner Sicht ebenso fragwürdig, wie Monogamie als einzig wahres Beziehungskonzept darzustellen.

Dieses Buch richtet sich an alle, die dem Thema Offene

Beziehung neugierig gegenüberstehen und wissen möchten, wie sie wirklich funktionieren kann. Es richtet sich an diejenigen, die ahnen, dass es neben der Monogamie noch mehr geben könnte, und die ihre Beziehung nicht länger von der gesellschaftlichen Norm bestimmen lassen möchten, ohne sie zu hinterfragen. Dieses Buch richtet sich aber bewusst auch an diejenigen, die unfreiwillig mit dem Thema in Berührung gekommen sind und vielleicht niemanden in ihrem nahen Umfeld haben, mit dem sie darüber sprechen können. Denn alternative Beziehungsmodelle zu leben ist noch sehr schambehaftet.

Ich lade dich ein, dieses Buch von vorne bis hinten zu lesen – und wenn nötig auch querfeldein. Hinterfrage alles, was du liest. Nimm an, was dich inspiriert. Lass Widerstände aufkommen, wenn du sie spürst. Ich wünsche mir, dass ich dich mit diesem Buch auch auf einer persönlichen Ebene erreiche – als Person, die selbst eine offene Beziehung führt und weiß, wie verdammt schwer das manchmal ist.

Du kannst sehr stolz auf dich sein, dieses Buch in den Händen zu halten, weil es bedeutet, dass du dich ernsthaft damit auseinandersetzt, was für eine Beziehung du führen möchtest. Auch wenn sich noch jede Zelle deines Körpers gegen das Neue und Unbekannte sträubt. Egal, ob du dich am Ende für oder gegen eine offene Beziehung entscheidest, wird diese Auseinandersetzung dafür sorgen, dass du die Beziehung zu dir selbst und zu anderen aus neuen Perspektiven beleuchtest, und du für dich selbst herausfindest, was für eine Beziehung zu dir und deinen Bedürfnissen passt.

Einleitung: Meine eigene Geschichte – warum das Öffnen unserer Beziehung diese NICHT gerettet hat

»Was hältst du eigentlich von einer offenen Beziehung?«

Diese Frage zu stellen dauert keine drei Sekunden. Drei Sekunden, die das Potenzial hatten, meine Beziehung und meinen Selbstwert zu zerstören. Mein persönlicher Super-GAU, der mein Leben und meine Beziehung für immer verändern sollte. Im Positiven – nur wusste ich das nicht zu dem Zeitpunkt, als mein Freund (mittlerweile sind wir verheiratet) die Frage stellte. Wir sitzen gemütlich auf dem Sofa, und plötzlich fragt er: »Was hältst du eigentlich von einer offenen Beziehung?« Er schaut mich an, und seine anfängliche Unbekümmertheit ist sofort verflogen. Ich schätze, mein Blick spricht Bände: WTF?!

Ich erinnere mich an diese Situation vor sieben Jahren, als wäre sie gestern gewesen. Hätte Johannes damals gewusst, was für eine Lawine er mit seiner Frage lostritt, hätte er sich vermutlich noch einmal auf die Zunge gebissen. Hat er aber nicht und mich damit heftig getroffen. Entsprechend fiel meine Reaktion aus: »Das ist nicht dein Ernst!« Es folgten Tränen, völlige Verzweiflung, heftige Ablehnung, Schockstarre und Panik. Heute weiß ich: Ich konnte nicht anders, als so zu reagieren. In meinem Mikrokosmos existierte nichts jenseits der Art von Liebe und Beziehung, die ich kannte und nie hinterfragt hatte. Sie war monogam. Darüber hinaus mit anderen Menschen intim werden? Unvorstellbar, gar ekelhaft. Für mein früheres Ich war dieser Standpunkt glasklar. Das Bild, das ich von offenen Beziehungen hatte, war geprägt von meinem monogamen Denken und Vorurteilen, Stigmatisierung und Abwertung. Realistische Vorbilder hatte ich keine, und so waren meine Ideen äußerst vage und ließen viel Raum für bedrohliche Fantasien. Höchstens von Swingerklubs hatte ich mal gehört, aber auch die schienen fernab meiner Realität, und das sollte gefälligst so bleiben. Die Angstbilder in meinem Kopf bildeten eine explosive Kombi mit den Selbstzweifeln, dem starken Gefühl, nicht gut genug zu sein, und alten Verletzungen, die plötzlich wieder wehtaten.

»Wenn das für dich so ein großes Thema ist, dann lassen wir das«, sagte Johannes und versuchte sich in Schadensbegrenzung. Ich konnte erst mal durchatmen. Nach meiner heftigen Reaktion auf Johannes' Versuch, ein Gespräch über eine Öffnung unserer Beziehung anzustoßen, herrschten zunächst Stillschweigen und Pseudoharmonie. Wir kehrten das Thema unter den Teppich, und doch stand er da: der riesige Elefant im Raum, über den niemand sprach. Monatelang.

Uns war klar, dass wir aus dieser Nummer nicht so einfach rauskommen würden. Denn ganz unabhängig von der Frage nach einer offenen Beziehung mussten wir uns offensichtlich damit auseinandersetzen, ob und wie es mit uns weitergehen könnte. Denn zu dem Zeitpunkt waren wir beide in unserer Beziehung nicht mehr wahrhaftig glücklich. Nach außen versuchten wir das Bild der heilen (monogamen) Beziehung aufrechtzuerhalten. Ja, es gab sie, die schönen Momente, und uns verband auch unglaublich viel Liebe. Doch unsere ungelösten Probleme waren dabei, unser Glück wie ein Schwelbrand zu zerstören. Unsere Unfähigkeit, ehrlich und offen miteinander zu sprechen, für uns als Individuen und unsere individuellen Bedürfnisse und Wünsche einzustehen, Konflikte konstruktiv zu lösen – das alles hätte uns fast das Genick gebrochen. Die Frage nach einer offenen Beziehung war das Zünglein an der Waage.

Mein Mann und ich sind inzwischen seit zehn Jahren ein Paar. Kennengelernt haben wir uns während des Studiums an der Universität der Bundeswehr in Hamburg. Damals war Facebook noch ein großes Ding, und nach seiner Freundschaftsanfrage verabredeten wir uns recht schnell für ein erstes Date. Von da an legten wir eine richtige Lovestory hin. Ich zog schon bald inoffiziell zu ihm in seine kleine Bude auf dem Uni-Campus, wir lebten mit Hochbett auf zehn Quadratmetern und hatten eine richtig tolle Zeit. Von Anfang an fühlte sich unsere Beziehung leicht und unkompliziert an, und wir waren sehr, sehr verliebt.

Diese Harmonie blieb leider nicht auf ewig bestehen. Nach ein paar Jahren wurde es schwierig. Obwohl wir noch immer sehr verliebt waren und uns auch sehr gut verstanden, entwickelte sich unsere Beziehung in die falsche Richtung: Johannes entdecke die Hamburger Clubszene für sich und – ohne zu dramatisch klingen zu wollen – fing an, partytechnisch ein Doppelleben zu führen. Ich konnte der Feierei damals nichts abgewinnen, obwohl Johannes sich das sehr gewünscht hätte. Entweder war ich müde, mochte die Musik nicht oder war eifersüchtig auf seine weiblichen Bekanntschaften. Einige Versuche, gemeinsam um die Häuser zu ziehen, scheiterten. Ich mochte diese Welt nicht. Er liebte sie. Mit der Zeit baute er sich einen neuen Freundeskreis auf, und die Partynächte wurden häufiger und länger. Dann bekam er die ein oder andere Nachricht von Frauen, die ich nicht kannte. Mein Bauchgefühl schlug Alarm, ich hakte hin und wieder nach. Bitte nicht schon wieder! Auch in der Beziehung davor war ich betrogen worden, und meine Angst war riesengroß, dass sich das wiederholen könnte.

Obwohl ich wusste, dass etwas nicht stimmte, und ich ein ungutes Gefühl hatte, gab ich mich mit seinen Antworten auf meine Fragen zufrieden: »Da ist nichts!«, »Mach dir keine Sorgen, das ist die Freundin von xy.« Dieses Gefühl der Erleichterung, wenn die Lüge so viel besser klingt als die Wahrheit, die man eigentlich schon längst kennt. Ich werde es nie vergessen. Er betrog mich in der Zeit mehrfach. Unter der Woche mimten wir das glückliche Paar, fuhren gemeinsam in den Urlaub und schmiedeten Pläne für die Zukunft.

So ignorierte ich mein Bauchgefühl eine ganze Weile und wollte die Wahrheit nicht sehen, bis ich durch einen (un-)glücklichen Zufall auf seinem Laptop eine Nachricht las, die nicht für meine Augen bestimmt war. Welch Ironie des Schicksals, dass ich in dem Moment ausnahmsweise mal keine investigativen Absichten hatte, als ich seinen Laptop öffnete, sondern eigentlich nur etwas auf Netflix schauen wollte. Die Nachricht war eindeutig, und meine Kehle schnürte sich augenblicklich zu. Ich konnte kaum atmen. Mein Herz schlug mir bis zum Hals. Johannes war für ein paar Tage im Urlaub, und ich konfrontierte ihn sofort per WhatsApp mit dem, was ich gelesen hatte. Der Name der Absenderin war mir nicht fremd. »Da ist nichts«, hatte er mehrfach beteuert. Es war – wie ich im Nachhinein erfuhr – mit ihr tatsächlich »nur« ein Kuss, aber ich hatte die Schnauze voll. Was zur Hölle machen wir eigentlich gerade, fragte ich mich. Als Johannes von seinem Kurztrip nach Hause kam, setzte ich ihm ein Ultimatum: »Entweder du erzählst mir jetzt die ganze Wahrheit, oder es ist vorbei.« Sein Blick sprach Bände, und sein Lügenkonstrukt brach vor unser beider Augen zusammen. »Was willst du wissen?«, fragte er und schaute mich unsicher und irgendwie auch erleichtert an. »Alles«, antwortete ich ruhig.

Ich kann mir vorstellen, wie das klingt: *Ach siehst du, er ist fremdgegangen, und dann haben sie die Beziehung geöffnet, um sie zu retten.* Ich möchte ausdrücklich betonen, dass das

Öffnen der Beziehung NICHT unsere Beziehung gerettet hat. Das hätte es nicht gekonnt. Ich bin davon überzeugt, dass die Öffnung eine Beziehung nie retten kann, wenn das Fundament nicht stimmt. Vielmehr wirkt eine offene Beziehung wie ein Brennglas für all das, was nicht funktioniert. Die finale Entscheidung, unsere Beziehung zu öffnen, war für uns auch nicht die Konsequenz oder Folge der aufgeflogenen Affären meines Mannes. Die Entscheidung, unsere Beziehung zu öffnen, trafen wir erst Monate später.

Was unsere Beziehung letzten Endes gerettet hat, waren zwei Dinge. Erstens: der Entschluss, uns trotz der Vergangenheit füreinander zu entscheiden. Zweitens: die Bereitschaft, in unser Beziehungsfundament zu investieren und aus vergangenen Fehlern zu lernen. Ich nenne das gerne »Hausaufgaben machen«, wozu bei uns natürlich auch die Bewältigung des Fremdgehens gehörte. Wir nahmen uns mehr Zeit füreinander und planten gemeinsame Erlebnisse. Wir stritten und versöhnten uns. Wir etablierten eine Entschuldigungskultur. Wir begegneten uns auf Augenhöhe, indem wir uns als Individuen mit teils unterschiedlichen Bedürfnissen und Wünschen achteten. Wir reflektierten, was wir in unserer Beziehung bisher richtig gut gemacht hatten – das war zum Beispiel unser sehr liebevoller Umgang miteinander und dass wir immer schon ein ehrliches Interesse daran hatten, uns gegenseitig zu unterstützen. Wir redeten endlich auch über unangenehme Dinge. Über Frust und Ärger, über unerfüllte Bedürfnisse und Wünsche. Wir waren ehrlich. Bedingungslos ehrlich. Radikale Ehrlichkeit statt Pseudoharmonie. Das war neu.

Mit Ehrlichkeit in Beziehungen ist das so eine Sache: Ehrlichkeit ist den meisten von uns sehr wichtig, stimmt's? Aber Ehrlichkeit wird eigentlich nur dann gern gesehen, wenn sie positive Konsequenzen für uns hat. Ernsthaft ... Ich hätte Johannes die Hölle heiß gemacht, wenn er mir damals – bevor der ganze Betrug passierte – *ehrlich* von seinem Bedürfnis erzählt hätte, mit anderen Mädels anzubandeln. Ich hätte dieses Bedürfnis mit ziemlich hoher Wahrscheinlichkeit als nicht normal bewertet und vielleicht sogar ihn als Menschen oder unsere Beziehung komplett infrage gestellt. Natürlich legitimiert das den Betrug nicht, aber ich bin Teil dieser Beziehungsdynamik gewesen, ob ich will oder nicht. Es ging nicht um Schuldzuweisungen, sondern darum, Verantwortung zu übernehmen. Und das taten wir beide. Wir waren uns nach dem Gespräch so nah wie noch nie. Rückwirkend war alles, genau so, wie es passierte, für uns unglaublich wertvoll. Nachdem die Affären meines Mannes aufgeflogen waren, konnte ich eine selbstbestimmte Entscheidung treffen, dass ich die Beziehung weiterführen wollte – aber unter anderen Bedingungen.

Die körperliche Komponente eines Betrugs ist nach intensiver Auseinandersetzung oft nicht das eigentliche Problem. Es geht nicht um den Akt an sich. Rational betrachtet konnte ich schon irgendwie nachvollziehen, warum sich mein Mann auch zu anderen hingezogen fühlte. Denn ich war realistisch und ehrlich genug mit mir selbst, um mir einzugestehen, dass mir Sex mit anderen Menschen auch immer Spaß gemacht hatte. Eine weitere unangenehme Selbsterkenntnis war, dass ich selbst in einer anderen Beziehung auch schon mal fremdgegangen war. Es ist immer leicht, mit dem Finger auf unser Gegenüber zu zeigen und aufzuzeigen, was die andere Person alles falsch macht. Klar – das tat ich und fasste mir dabei auch an die eigene Nase. Das, was ich ihm wirklich übel nahm, war, dass er mich entmachtet hatte. Dadurch, dass er mich belog und hinterging, nahm er mir die Möglichkeit zu entscheiden, ob ich unter diesen Bedingungen die Beziehung führen möchte oder nicht. Es entwickelte sich dadurch eine Beziehungshierarchie, in der er über mir stand, und das hasste ich am meisten.

Der Sex mit anderen Menschen war für mich grundsätzlich also nicht das Problem, wie ich in der Auseinandersetzung mit der ganzen Betrugsthematik feststellte. Interessant. Und aus dieser Erkenntnis reifte ganz langsam die Idee in mir, dass eine offene Beziehung auch für mich Vorteile haben könnte. Das Thema ließ mich nicht los, und meine anfängliche Schockstarre und die Ablehnung wandelten sich in Neugierde. Ich schmiss meine Vorurteile Stück für Stück über Bord, las Bücher und verschlang alle Artikel, die ich zu dem Thema finden konnte. Auch begann ich mich intensiv mit einer Freundin auszutauschen, die damals selbst eine offene Beziehung führte. Erst vor einiger Zeit ist mir die Bedeutung dieser Tatsache so richtig aufgegangen, weil ich zuvor immer behauptet hatte und fest davon überzeugt gewesen war, nur Monogamie zu kennen. Es zeigt nur noch mal mehr, wie sehr wir unsere eigene Wahrheit kreieren. Die alternative Beziehungsform, die direkt vor meiner Nase gelebt wurde, blendete ich damals völlig aus.

Es handelt sich dabei übrigens um ein sehr typisches menschliches Phänomen. Psycholog:innen sprechen von Überzeugungsträgheit. Wir bilden unsere Meinung eher auf Grundlage von Angst, Verachtung und Wut, anstatt uns auf Fakten zu berufen und unsere Ansichten entsprechend anzupassen. Was nicht den eigenen Überzeugungen entspricht, wird abgelehnt, entsprechende Informationen werden verworfen.[1] Mir gelang es damals, diese tief in mir verwurzelte Denkweise zu überwinden und meinen Blick (und auch mein Herz) nach und nach für die Tatsache zu öffnen, dass es mehr als nur meine Wahrheit gibt. Ich fragte mich, wie es wohl wäre, eine Beziehung voller Vertrauen zu führen, in der unkontrollierte Eifersucht und großes Drama keine Rolle mehr spielen. Ich fragte mich, wie es wohl wäre, eine Beziehung zu führen, in der sich Nähe und Geborgenheit, Liebe, Freiheit und Abenteuer nicht gegenseitig ausschließen. Ist das wirklich möglich?

Über Vorurteile, Stigmatisierung und viel Fantasie

»Also geht er zb abends weg und sagt »Schatz in ca 2 h bin ich wieder da ich baller kurz die Erna weg und komme dann wieder zu dir kuscheln.« Oder wie kann man sich das vorstellen«

Userin auf Instagram

Trotz des Fortschritts in vielen Bereichen unserer Gesellschaft sind offene Beziehungen immer noch ein Tabuthema. Menschen, die sich dazu bekennen, alternative Beziehungskonzepte zu leben, werden oft abgewertet und missverstanden, wie beispielsweise das Zitat zu Beginn des Kapitels zeigt. Viele Menschen können sich einfach nicht vorstellen, wie eine liebevolle Beziehung und Sex mit anderen Menschen unter einen Hut zu bringen sind. Wir denken monogam, weil wir nichts anderes kennen, und dieses Denken ist von Exklusivität und Konkurrenz sowie der Idee, dass Beziehungen identitätsstiftend sind, geprägt, so die Feministin Brigitte Vasallo. Monogamie ist ihrem Verständnis nach mehr als eine Beziehungsform. Sie spricht von einem System, in dem es um Macht und Privilegien geht.[2] Daraus resultieren Besitzansprüche, falsche Erwartungen an das, was eine Beziehung und was Partner:innen erfüllen müssen, und vor allem natürlich eine ganz bestimmte Vorstellung davon, was *richtige* Beziehungen sind. Mit diesen Denkweisen und Vorstellungen von Beziehungen werden wir sozialisiert, und sie sitzen tief.

Die Vorurteile, privaten und beruflichen Stigmatisierungen und Klischees über offene Beziehungen, die sich aus dem monogamen Denken ergeben, bilden für sich allein schon eine explosive Kombination. Als Kirsche auf dieser ungenießbaren Sahnetorte kommen noch die individuellen Ängste, Selbstzweifel und schlechten Erfahrungen hinzu, die viele von uns im »Rucksack« tragen. Skeptische oder sogar feindselige Reaktionen gegenüber Menschen, die offene oder andere konsensuelle nonmonogame Beziehungen führen, sind die Folge. Kein Wunder, dass viele sich deshalb nicht trauen, sich »zu outen«. Aber das kann sich ändern.

Ohne mit der Wimper zu zucken, würden wohl die meisten Menschen, die keine polyamore oder offene Beziehung führen, von sich behaupten, monogam zu sein. Wenn wir uns allerdings die ursprüngliche Definition von Monogamie anschauen, werden wir feststellen, dass wir sie längst an unsere modernen Bedürfnisse angepasst haben. Der Begriff Monogamie leitet sich von den altgriechischen Wörteren *mónos* (allein, einzig) und *gamos* (Ehe) ab und bedeutet »Einehe«. Das Hauptmerkmal ursprünglicher Monogamie war also die Ehe. Mal ganz davon abgesehen, dass die Zahlen der Eheschließungen rückläufig sind, gibt es noch mindestens zwei weitere Merkmale moderner Beziehungen, die mit der ursprünglichen Idee von Monogamie nichts zu tun haben. Trennungen oder Scheidungen waren nicht vorgesehen, Enthaltsamkeit bis zur kirchlichen Eheschließung hingegen schon.

Wer von uns kann jetzt noch behaupten, im traditionellen Sinne monogam zu leben? Die meisten von uns führen heute seriell monogame Beziehungen. Das heißt, sie sind in ihrer Beziehung (offiziell) sexuell exklusiv, haben im Laufe ihres Lebens aber wechselnde Partner:innen und Beziehungen; im Schnitt sind es in Deutschland 3,4.[3] An dieser Bedeutungsveränderung zeigt sich, dass sich unsere Definition von Monogamie und von einer *richtigen* Beziehung verändern kann. Es dauert nur manchmal ziemlich lange.

Jeden Tag kommentieren Menschen meine Beziehungsform auf meinen Social-Media-Kanälen. Zugegeben, ich spiele bewusst mit den kontroversen Meinungen zu diesem Thema, um mehr Aufmerksamkeit darauf zu lenken. »Offene Beziehung – Die armen Kinder« oder auch »Offene Beziehung oder lieber heimlich betrügen« sind Beispiele der Überschriften, die ich für meine Reels auf Instagram verwende. Mir ist bewusst, dass meine Posts einige Menschen provozieren und möglicherweise Unbehagen hervorrufen könnten. In der Titelbeschreibung gehe ich zwar näher auf gängige Vorurteile oder andere – auch für monogame Beziehungen relevante – Themen ein. Doch wer sich angegriffen fühlt, nimmt sich kaum die Zeit, diese Ausführungen zu lesen. Der Impuls, mich zu beleidigen, meine

Beziehungsform abzuwerten und damit dem eigenen Ärger Luft zu machen, ist zu stark. Zum einen gibt es immer noch Menschen, denen friedvolle Lebensrealitäten abseits der Norm und der eigenen Gewohnheit grundsätzlich Angst machen oder suspekt sind. Wenn dann zum anderen noch Unzufriedenheit in der eigenen Beziehung hinzukommt und ich tanzend und lachend für die Übernahme von Selbstverantwortung und Selbstwirksamkeit appelliere, tut das doppelt und dreifach weh. Glücklicherweise erreiche ich mit meinen Social-Media-Kanälen aber auch sehr viele Menschen, die sich durch meine Beiträge gesehen fühlen und in den konstruktiven Diskurs mit mir oder dem Rest meiner Community gehen.

Wenn wir über offene Beziehungen sprechen, kommen wir nicht drum herum, uns mit den typischen Vorurteilen auseinanderzusetzen. Wenn du deine eigenen Vorbehalte und Sorgen in einigen davon wiederfindest, ist das nachvollziehbar. Ich wünsche mir, wertvolle Denkanstöße zu geben, um die eigene Haltung kritisch hinterfragen zu können, anstatt sich von Vorurteilen, Stigmatisierung und der eigenen Angst leiten zu lassen und andere vorschnell zu verurteilen. Mit meiner eigenen und der Beziehungsrealität von Paaren in offenen Beziehungen hat das, was viele sich darunter vorstellen, nämlich meist wenig zu tun.

»Warum führt ihr überhaupt eine Beziehung, wenn ihr euch nicht reicht?«

Ich geb's zu: Anfangs bin ich auch auf einen der Denkfehler hereingefallen, die hinter dieser Aussage stecken. Wenn mein Gegenüber unsere Beziehung öffnen möchte, stimmt etwas nicht (mit mir). Als mein Mann mich mit der Idee einer offenen Beziehung konfrontierte, fühlte ich mich nicht gut genug. Ich ging damals völlig selbstverständlich davon aus, dass der Wunsch nach einer offenen Beziehung etwas mit mir zu tun haben musste. Eigentlich fühlte ich mich schon vor diesem Gespräch nicht gut genug, konnte es aber unter dem Deckmantel der Monogamie recht gut verbergen. Andere Frauen waren ja offiziell tabu, weshalb ich mich mit meiner eigenen Unsicherheit nicht ernsthaft auseinandersetzte. Den Gedankengang verstehe ich also sehr wohl, weil viele eben immer erst irgendeinen Fehler bei sich selbst suchen, um sich Dinge zu erklären. Aber das ist so falsch, können wir bitte damit aufhören? Bedürfnisse und Wünsche haben in erster Linie etwas mit der Person zu tun, die diese spürt.

Der Wunsch nach einer offenen Beziehung hat mit eigenen Wünschen und Bedürfnissen zu tun – nicht mit der Unzulänglichkeit des Beziehungsmenschen.

Dahinter steckt aber noch ein monogam geprägter Denkfehler, nämlich dass Partner:innen sich all Wünsche und Bedürfnisse erfüllen (können) müssen. Reicht man sich und ist man erst dann gut genug für eine Beziehung, wenn man sich gegenseitig alle Wünsche und Bedürfnisse erfüllt? Und wenn Partner:innen das nicht können oder wollen, dann reichen sie sich nicht und sollten besser gar keine Beziehung führen? Das impliziert die Frage doch. Anders gesag: Man braucht nur die *richtige* Beziehung, dann reicht man sich auch.

Aus meiner Sicht werden hier verschiedene Aspekte zusammengewürfelt, die auf gesellschaftlichen Konventionen beruhen, aber eigentlich nichts miteinander zu tun haben. Am Beispiel von platonischen Freund:innenschaften zeigt sich, wie absurd das alles ist. Mehrere enge Freund:innen zu haben ist kein Thema. Niemand käme auf die Idee, den einzelnen Verbindungen deshalb ihre Qualität abzusprechen oder gar ihre ganze Existenzberechtigung infrage zu stellen.

Ähnlich verhält es sich mit Kindern. »Wenn dir ein Kind nicht reicht, bekomm doch gar keine Kinder« – diesen Satz habe ich noch nie gehört. Oder liegt der Wunsch nach einem zweiten Kind darin begründet, dass das erste Kind nicht reicht? Ich höre schon die Empörung darüber, dass man das doch nicht miteinander vergleichen könne. Aber warum nicht? Außerhalb romantischer Beziehungen sind sich die meisten Menschen einig, dass Liebe und Zuneigung unendliche Ressourcen sind. Wieso sollte das in Liebesbeziehungen anders sein?

Vielleicht ist eine offene Beziehung nicht aufgrund irgendeines Mangels spannend für dich, sondern weil du dadurch verschiedene Aspekte von dir selbst erforschen kannst. Außerdem sind manche Erfahrungen mit dem eigenen Beziehungsmenschen schlichtweg nicht möglich, z. B. gleichgeschlechtliche oder eben nicht gleichgeschlechtliche Erfahrungen. Wie spannend, den eigenen Facettenreichtum zu erkunden! In unterschiedlichen Situationen und Kontexten und in der Gegenwart verschiedener Menschen können wir andere Rollen einnehmen. Und wer weiß – vielleicht auch Seiten an uns entdecken, die wir nie für möglich gehalten haben.

Offene Beziehungen können genau der passende Rahmen für die Entdeckung dieser Vielfalt sein. Es ist, als würde man sich in einem Spiegelkabinett bewegen, in dem jede neue Begegnung oder Erfahrung eine spannende neue Seite reflektiert. Dabei geht es nicht darum, die Hauptbeziehung zu ersetzen oder zu entwerten, sondern darum, das eigene Erleben zu erweitern und zu bereichern. Es geht darum, ein größeres Spektrum an Erfahrungen zu erkunden.

»Wer wirklich liebt, will nicht teilen!«

Bei dieser Aussage muss ich direkt an unseren kleinen Sohn denken, der mit seinem Lieblingsbagger in der Sandkiste sitzt. Kommt ein anderes Kind und möchte auch damit spielen, sind Ärger und Frust vorprogrammiert. Die Fähigkeit zu teilen ist uns nicht in die Wiege gelegt, sondern sozial erlernt. Liebe und Besitz werden im Kontext romantischer Beziehungen häufig miteinander verwechselt. Liebe ist ein Gefühl der Zuneigung, des Respekts und der Fürsorge für eine andere Person. Sie ist ein tiefes emotionales Band, das auf Vertrauen und Verständnis beruht. Liebe fordert uns auf, die Individualität und Autonomie der anderen Person zu respektieren und zu unterstützen. Liebe ermöglicht Freiheit – die Freiheit, man selbst zu sein, die Freiheit, sich zu entfalten, und die Freiheit, eigene Entscheidungen zu treffen. Besitz hingegen ist ein Konzept, das sich auf materielle Dinge bezieht. Wenn wir etwas besitzen, haben wir Kontrolle und Macht darüber. Wir können entscheiden, was mit dem Objekt passiert und wer darauf Zugriff hat. Doch Menschen sind keine Objekte, über die man bestimmen kann und die man besitzen kann.

Wenn ich sage: »Ich möchte meinen Partner nicht teilen«, erhebe ich einen Besitzanspruch auf ihn.

In einer gesunden Beziehung geht es nicht darum, die andere Person zu besitzen oder zu kontrollieren. Es geht vielmehr darum, einander zu respektieren und sich gegenseitig zu unterstützen. Machen wir uns trotzdem nichts vor: Die Vorstellung, die geliebte Person mit jemand anderem zu wissen, kann erst einmal mit unangenehmen Gefühlen verknüpft sein.

Teilen ist nicht das Problem, sondern unsere Einstellung dazu. Sie entstammt dem Prinzip »Teilen = Mangel«, dem zufolge Beziehungen ein Nullsummenspiel sind, in dem sich Ressourcen wie Liebe, Zuneigung und Sexualität aufbrauchen, wenn man sie teilt.

Es ist verständlich, dass unangenehme Gefühle aufkommen können, wenn wir uns mit der Idee einer offenen Beziehung auseinandersetzen. Und auch der Gedanke »Ich will meine geliebte Person nicht teilen« ist nachvollziehbar. Schließlich sind Liebe und Besitz in unserer Gesellschaft eng miteinander verbunden. Doch anstatt diese Gefühle und Denkmuster zu verurteilen, können wir sie bewusst hinterfragen.

Warum glaube ich, dass Liebe und Teilen unvereinbar sind?
Welche Erfahrungen, Überzeugungen oder Einflüsse haben dazu geführt, dass ich diese Annahme in meiner Vorstellung von Liebe und Beziehungen verankert habe?
Welche Ängste oder Unsicherheiten löst der Gedanke in mir aus, »meine« geliebte Person mit anderen zu teilen?
Wie würde sich mein Verständnis von Liebe und Beziehungen verändern, wenn ich den Gedanken »Wer wirklich liebt, will nicht teilen« loslassen

würde? Welche neuen Möglichkeiten und Freiheiten könnten sich daraus ergeben?

»Offene Beziehungen sind oberflächlich!«

Es ist ein weit verbreitetes Missverständnis, dass offene Beziehungen weniger »tief« oder engagiert seien als ihre monogamen Pendants. Oft wird Menschen, die sich für offene Beziehungsmodelle entscheiden, unterstellt, dass sie bindungsängstlich, unfähig zu echter Verpflichtung oder einfach nur auf der Suche nach unverbindlichen sexuellen Abenteuern seien. Zweifellos gibt es Menschen, auf die diese Beschreibungen zutreffen könnten. Sie sind aber keinesfalls das Abbild aller, die sich für offene Beziehungen entscheiden.

Die häufig herangezogenen Vergleiche offener Beziehungen mit »Freundschaften plus« oder unverbindlichem Dating halten einer genauen Prüfung nicht stand. Sie dienen häufig der Abwertung offener Beziehungen. Dabei ist natürlich jedes einvernehmliche Modell für sich eine legitime Art des Zusammenseins – wenn auch nicht miteinander gleichzusetzen.

Menschen halten offene Beziehungen für oberflächlich, weil sie »offen« falsch übersetzen. Es steht in diesem Zusammenhang nämlich nicht für Unverbindlichkeit, Beliebigkeit oder Distanz. »Offen« steht vielmehr für Achtung, Aufrichtigkeit, Toleranz, Aufgeschlossenheit und Unvoreingenommenheit. Die innere Haltung in einer funktionierenden offenen Beziehung ist authentisch und ehrlich. Personen mit einer solchen Haltung respektieren die Individualität aller Beteiligten und sind bereit, der Weltanschauung des Gegenübers offen zu begegnen. Sie beinhaltet das Bewusstsein, dass die eigene Wahrheit nicht die einzig gültige ist. Das steckt übrigens auch in der Bedeutung des Wortes »Beziehung«: Es geht darum, sich aufeinander zu beziehen, und genau das findet in gelingenden offenen Beziehungen statt.

Aus dem Lateinischen »relatio« kommend, bedeutet Beziehung »das Zurücktragen«. Genau das tun wir in Beziehungen: Wir beeinflussen uns gegenseitig, passen uns an, reagieren aufeinander, lernen voneinander und wachsen miteinander.

Offene Beziehungen sind keine starren Konstrukte, sondern entwickeln sich ständig weiter. In einem andauernden Prozess wird kommuniziert, verhandelt, Kompromisse werden geschlossen, Grenzen gesetzt und gegenseitiger Respekt geübt – auf diese Weise setzen wir uns ganz intensiv mit der anderen Person auseinander. Das scheint in einer monogamen Beziehung oftmals nicht so notwendig und wird womöglich häufiger mal schleifen gelassen, weil weniger Input von außen kommt. So ein intensiver Austausch kommt natürlich allen Beziehungen zugute – welche Form sie auch annehmen. Wenn wir uns auf die offene Beziehung mit all ihren Herausforderungen einlassen, bringt sie schnell eine besondere Tiefe mit sich.

Sie entsteht gerade durch die Konfrontation mit den vielen Herausforderungen. Sie entsteht durch den kontinuierlichen Dialog über Gefühle, Ängste und Bedürfnisse und ermöglicht so eine größere Intimität. Die Bereitschaft, der anderen Person Freiraum zu gewähren und trotzdem eng verbunden zu bleiben, eröffnet eine neue Ebene der Beziehungsführung. Offenheit und Ehrlichkeit, die eine offene Beziehung erfordert, können die emotionale Bindung vertiefen. Das alles ist keineswegs oberflächlich, sondern setzt eine immense emotionale Reife und Bereitschaft zur Selbstreflexion voraus. Aus dieser Perspektive betrachtet, erscheinen offene Beziehungen gleich in einem völlig anderen Licht, oder?

»Das ist doch Fremdgehen mit Ansage!«

Dieses Vorurteil haftet offenen Beziehungen an wie Kaugummi unter dem Schuh. Denn mal unter uns, wer hat bei ersten Gedanken an offene Beziehungen nicht sofort das Bild von endlosen Eskapaden im Kopf?

Die Vorstellung, dass eine offene Beziehung ganz automatisch Fremdgehen legitimiert, ist jedoch falsch. Nicht nur ist diese Bezeichnung aufgrund ihrer suggestiven Verbindung mit Unaufrichtigkeit und Täuschung irreführend, sie beruht auch auf einem tief verwurzelten Missverständnis dessen, was offene Beziehungen tatsächlich sind. Das ist, als würde man behaupten, dass ein Besuch in einer Bibliothek einem das Recht gibt, Bücher zu klauen, nur weil es dort so viele von ihnen gibt.

»Fremdgehen« impliziert einen Vertrauensbruch, eine Verletzung von Regeln, die in einer Beziehung aufgestellt wurden – oder vielmehr automatisch gelten. Das ist die erste Herausforderung: In offenen Beziehungen gelten andere Regeln. Das macht sie aber nicht zum Vegas der Beziehungsformen, wo alles erlaubt ist, und was dort passiert, bleibt dort. Ganz im Gegenteil: Offene Beziehungen haben ihre eigenen Regeln, die oft mit viel Feingefühl, Ehrlichkeit und offener Kommunikation aufgestellt und immer wieder überprüft und neu ausgehandelt werden.

Man könnte auch in einer offenen Beziehung fremdgehen, wobei der Begriff »Fremdgehen« in diesem Kontext tatsächlich fehl am Platz ist. Fremdgehen meint in monogamen Beziehungen, dass jemand Körperkontakt mit einer anderen Person hat, der über das Freundschaftliche hinausgeht. Das kann bei einem Kuss anfangen und schließt mit großer Sicherheit Sex ein. In offenen Beziehungen ist das aber für gewöhnlich Teil des Deals. Offene Beziehungen definieren »Fremdgehen« neu, indem sie die etablierten Normen und Regeln einer Beziehung aktiv infrage stellen und individuell neu aushandeln.

In diesem Sinne kann »Fremdgehen« in einer offenen

Beziehung besser als »Vertrauensbruch« oder »Verletzung der Vereinbarungen« definiert werden. In ihren Regeln und Vereinbarungen können sich offene Beziehungen stark voneinander unterscheiden. Einige Paare einigen sich darauf, nur gemeinsam zu daten, manche beschränken sich ausschließlich auf die Möglichkeit, mit gleichgeschlechtlichen (oder eben andersgeschlechtlichen) Menschen Erfahrungen außerhalb der Hauptbeziehung machen zu können, und andere setzen vielleicht Grenzen in Bezug auf bestimmte Aktivitäten.

Eine Studie des Parship-Instituts aus dem Jahr 2019 zeigte, dass in Deutschland rund 19 Prozent der Befragten angaben, in ihrer aktuellen oder letzten monogamen Beziehung mindestens einmal fremdgegangen zu sein.

In jedem Fall gilt: Offene Beziehungen sind kein Freibrief für grenzenlose Eskapaden, und Menschen, die in offenen Beziehungen leben, haben für gewöhnlich auch noch andere Hobbys, als ständig von einem Bett ins nächste zu hüpfen. Die Anzahl der Sexualpartner:innen in offenen Beziehungen ist genauso individuell wie in monogamen Beziehungen.

Einfach gesagt: Offene Beziehungen sind kein One-Way-Ticket in ein Sündenbabel. Sie bieten vielmehr die Möglichkeit, ehrlich und offen über Wünsche und Bedürfnisse zu sprechen und dabei stets Vertrauen und gegenseitigen Respekt zu wahren. Sie erlauben es den Partner:innen, ihre Wünsche und Bedürfnisse offen zu äußern und zu erkunden, ohne die Integrität ihrer Beziehung zu gefährden.

In offenen Beziehungen vertrauen wir darauf, dass unsere Partner:innen in unserem Sinne handeln, auch wenn wir nicht dabei sind. Wir verlassen uns darauf, dass die andere Person sich an die gemeinsamen Vereinbarungen hält und verantwortungsvoll mit unseren Gefühlen umgeht. Wir sind ehrlich und legen die Karten auf den Tisch. Was ist okay und was geht gar nicht, wenn es um Kontakte oder Beziehungen außerhalb unserer Hauptbeziehung geht? Das sollte für alle Beteiligten klar sein. Und wenn sich etwas ändert oder jemand Mist gebaut hat? Dann reden wir darüber. Auch bei Sorgen hilft nur eins: miteinander reden, damit keine Person das Gefühl hat, auf dem Abstellgleis zu stehen. Denn wenn es an Kommunikation fehlt, können schnell Missverständnisse und Krach entstehen.

Letztlich ist »Fremdgehen« also nicht nur eine Frage des sexuellen Kontakts außerhalb der Beziehung, sondern mehr als das. Es geht um verbindliche Absprachen, Vertrauen, Ehrlichkeit und Respekt.

»Was ist, wenn sich eine:r verliebt?«

Erlaubt hin oder her – Kontakte zu Dritten können Unruhe stiften und für Trouble sorgen, wenn die Sorge mitschwingt, dass unser Beziehungsmensch sich verlieben könnte. Wer schon mal verliebt war, wird sich wohl für immer an die Wucht der damit verbundenen Emotionen erinnern. Euphorie, Schmetterlinge im Bauch, Herzklopfen und eine extreme Anziehungskraft. Die Gedanken kreisen unentwegt um die Person, in die man verliebt ist, sich auf etwas anderes zu konzentrieren fällt schwer.

Verantwortlich für diesen intensiven Emotionscocktail sind die Botenstoffe Dopamin, Oxytocin und Serotonin. Dazu mischen sich noch Stresshormone wie Adrenalin und Cortisol. Dopamin ist ein Neurotransmitter und wird oft als Glückshormon bezeichnet, weil es das Belohnungssystem im Gehirn aktiviert und die Motivation steigert. Es wirkt sich auch auf die Informationsverarbeitung aus, was dazu führen kann, dass man nicht nur die Person, in die man verliebt ist, durch eine rosarote Brille sieht, sondern das ganze Leben. Alles ist plötzlich schöner und einfacher, die andere Person scheint perfekt zu sein. Das ausgeschüttete Adrenalin sorgt dafür, dass man sich unbesiegbar fühlt. Meine Kollegin Melanie Mittermaier spricht in diesem Zusammenhang gern von der hormonellen Gehirnvergiftung.[4] Das Hirn feiert eine fette Party, und wir befinden uns in einem heftigen Rauschzustand.

Spoiler an alle Verliebten: Die geliebte Person hat in Wirklichkeit genauso viele Ecken und Kanten wie jede andere auch. Im Zustand der Verliebtheit konzentrieren wir uns jedoch nur auf die positiven Eigenschaften einer Person. Wir sind also für eine Weile realitätsblind.

Mit der Affäre ist alles perfekt? Der Sex so gut wie noch nie? Ihr könnt über alles sprechen? Passt einfach perfekt zusammen? Achtung, Gehirnvergiftung! Auch die Person, in die du verliebt bist, ist ein Mensch mit Ecken und Kanten (die du nur noch nicht kennst).

Im direkten Vergleich kann man sich Verliebtsein wie eine brennende Wunderkerze vorstellen, die wie verrückt funkelt und knistert, aber auch schnell abbrennt. Die Liebe dagegen ist die dicke Stumpenkerze, die langsam und stetig brennt und insgesamt unaufgeregter ist. Der direkte Vergleich von Verliebtsein mit der (Langzeit-)Beziehung ist nicht sinnvoll und würde der Liebe auch nicht gerecht werden. Das Gefühl von Euphorie, die ständige Aufregung und die Anziehungskraft sind nicht mehr so heftig wie am Anfang und wandeln sich mit der Zeit in eine reife Liebe, geprägt von Gefühlen tiefer Bindung, Vertrautheit und Zuneigung. Biochemisch übernimmt jetzt das Hormon Oxytocin die Führung, das auch als Liebes- und Bindungshormon bezeichnet wird. Natürlich verspüren wir auch in der Liebe das Bedürfnis, der anderen Person nah zu sein. Aber das Verlangen nach Nähe und Intimität liegt auf einer tieferen, emotionaleren Ebene, als es beim Verliebtsein der Fall ist.

Wenn wir wissen, wie sehr uns Verliebtsein aus den Latschen hauen kann, macht es Sinn, im Rahmen einer offenen Beziehung vorsichtig mit dem Thema umzugehen.

Die Angst davor, nicht mithalten zu können, falls sich unser Beziehungsmensch in eine andere Person verliebt, als unberechtigt abzutun wäre falsch. Denn es kann einfach passieren, dass sich jemand verliebt. Doch anstatt uns von der Angst vor diesem Szenario lähmen zu lassen, könnten wir sie als Gelegenheit sehen, über unsere eigenen Gefühle und Erwartungen nachzudenken:

Was bedeutet es für uns, wenn unser:e Partner:in sich in jemand anderen verliebt?
Wie würden wir damit umgehen?
Wie können wir sicherstellen, dass unsere Beziehung trotz dieser neuen Verliebtheit stark und erfüllend bleibt?

Liebe ist keine Pizza, die nur acht Stücke hat, und wenn eins weg ist, ist es weg. Das zu verstehen kann hilfreich sein, wenn unser Beziehungsmensch sich in jemand Neues verliebt hat. Jetzt kommt der schwierige Teil: Geduld haben und keine Panik! Wenn eure Beziehung stabil ist, lohnt es sich abzuwarten, bis der erste Rausch der Verliebtheit verflogen ist. Eine Verliebtheit bedeutet nicht zwangsläufig das Ende der Hauptbeziehung, sie kann auch eine Gelegenheit sein, die eigene Beziehung zu vertiefen und zu bereichern.

Wenn man Bauchkribbeln hat, ist Fingerspitzengefühl gefragt. Gefühle für jemanden außerhalb der Hauptbeziehung zu entwickeln kann ein Problem sein, muss es aber nicht.

Auch hier ist Kommunikation das A und O. Wenn eine:r der Partner:innen sich verliebt, sollte das offen angesprochen werden, um gemeinsam nach Wegen zu suchen, um mit der Situation umzugehen. Es ist eine berechtigte Sorge, die aber nicht überbewertet werden sollte.

»Die armen Kinder!«

Mit den Jahren habe ich mir ein dickes Fell zugelegt, was Beleidigungen und abfällige Kommentare zu meiner Person oder meiner Beziehung angeht. In einer Rolle fühle ich mich aber nach wie vor sehr angreifbar und verletzlich, und zwar in meiner Mutterrolle. Mein Kind ist mein wunder Punkt. »Die armen Kinder« zu hören oder zu lesen, wenn wir als Eltern unser Bestes geben, tut weh. Als Elternteil in einer offenen Beziehung machen wir uns wahrscheinlich die gleichen Sorgen und Gedanken wie andere Eltern. Wie können wir die emotionalen, sozialen und kognitiven Bedürfnisse unseres Kindes am besten fördern und unterstützen? Wir fragen uns aber auch: Welche Rolle spielt dabei unser Beziehungsmodell? Ich weiß nicht, ob das für Eltern in einer monogamen Beziehung ebenfalls so ist.

Damit Kinder glücklich und geborgen aufwachsen können und sich im besten Fall zu sicher gebundenen und resilienten Erwachsenen entwickeln, braucht es nicht zwangsläufig monogame Elternbeziehungen. Nicht das Label »offene Beziehung« oder »monogame Beziehung« bestimmt, wie gut wir als Eltern unsere Kinder unterstützen können. Vielmehr sind es die Qualität der familiären Beziehungen und die Atmosphäre innerhalb des familiären Umfeldes, die Auswirkungen auf das emotionale Wohlbefinden und die Entwicklung unserer Kinder haben. Kinder, die in einer liebevollen, stabilen und sicheren Umgebung aufwachsen, in der ihre Bedürfnisse erfüllt werden, entwickeln in der Regel einen sicheren Bindungsstil. Dies ermöglicht es ihnen, stabile und gesunde Beziehungen zu führen, ihre Emotionen effektiv zu regulieren und Belastungen und Rückschläge zu bewältigen. Dagegen können Kinder, die in einer instabilen oder unsicheren Umgebung aufwachsen, in der ihre Bedürfnisse nicht konsequent erfüllt werden, unsichere Bindungsstile entwickeln, die ihre Fähigkeit, stabile und gesunde Beziehungen zu führen, beeinträchtigen können.

Kritiker:innen offener Beziehungen argumentieren manchmal, dass diese Art von Beziehungen ebenjene destruktiven Bedingungen für Kinder schaffen könnte, die die Entwicklung des Kindes negativ beeinflusst. Einige argumentieren auch, dass offene Beziehungen Kindern »falsche« Werte vermitteln könnten. Es mag sein, dass man als außenstehende Person erst mal denkt: »Oje, wie muss das für die Kinder sein, wenn Mama und Papa ständig andere Leute daten?« Ja, Eltern in offenen Beziehungen daten andere Leute. Aber das heißt nicht, dass sie ständig auf Achse sind und ihre Kinder vernachlässigen. Vermutlich sind sie genau so viel zu Hause, machen genauso oft Hausaufgaben mit den Kids und fahren genauso oft zum Fußballtraining wie alle anderen Eltern auch. Weil sie nämlich – Trommelwirbel – ganz *normale* Eltern sind.

Als Traumapädagogin weiß ich: Es gibt leider viel zu viele Kinder, die keine stabile, liebevolle und sichere Kindheit erleben dürfen. Die wahre Herausforderung besteht also gar nicht darin, ob man eine offene oder eine monogame Beziehung führt. Sie besteht darin, als Elternteil emotional präsent und verfügbar zu sein, auf die Bedürfnisse seiner Kinder einzugehen und für sie eine gesunde, unterstützende und liebevolle Umgebung zu schaffen. Und das sollten wir alle anstreben, unabhängig von unserem Beziehungsmodell.

Offene Beziehungen können Kindern Werte wie Offenheit, Ehrlichkeit, Respekt für die Autonomie anderer und die Wichtigkeit von Kommunikation und Konsens vermitteln.

Kinder, besonders die ganz kleinen, nehmen die Welt einfach so an, wie sie ist. Sie leben im Hier und Jetzt, und was sie kennen, ist für sie normal. Wer sich also gerade mit der Frage beschäftigt, wie in Herrgottsnamen man den Kindern kindgerecht eine offene Beziehung erklären soll, ohne ihnen zu schaden – wir können uns alle entspannen! Wenn dein Kind Fragen hat, beantworte sie. Beschränke dich auf die Informationen, die dein Kind verarbeiten kann. Ein Kleinkind versteht das Konzept von romantischer Liebe und sexuellen Beziehungen noch nicht. Es versteht aber sehr gut, dass Menschen einander gernhaben. Mit einem Schulkind könnte man schon etwas tiefer in das Thema eintauchen und erklären, dass Menschen manchmal mehr als eine Person gernhaben und dass das okay ist, solange alle Beteiligten damit einverstanden sind. Und dann, zack, sind die Kids in der Pubertät. Plötzlich dreht sich ihre eigene Welt um Liebe und Beziehungen und dann ist es wahrscheinlich an der Zeit, Beziehungskonzepte vollständiger zu erklären und auch schwierigere Fragen zu beantworten – aber hey, wer hat gesagt, dass Elternsein einfach ist?

»Du Schlampe!«

Eine Frau wie ich, die ihre Beziehung und ihre Sexualität selbstbestimmt lebt und öffentlich dazu steht, bietet eine große Angriffsfläche. Dabei sind diese Attacken mehr als nur persönliche Beleidigungen. Sie sind Symptome einer tief verwurzelten, gesellschaftlichen Haltung, die weit über den Einzelfall hinausgeht und alle Frauen betrifft, die sich dazu entscheiden, abseits traditioneller Geschlechterrollen und -erwartungen zu leben. Es ist offensichtlich kein Zufall, dass eine Frau, die in einer offenen Beziehung lebt oder sich öffentlich zu mehreren Sexualpartner:innen bekennt, als »Schlampe« bezeichnet wird und irgendwie als weniger wertvoll und respektabel gilt, während ein Mann, der das Gleiche tut, oft mit Bewunderung betrachtet wird. Willkommen in einer Gesellschaft der internalisierten Misogynie. Eine Gesellschaft, die Frauen sagt, dass sie ihre Sexualität unterdrücken sollen, während Männer ermutigt werden, ihre Sexualität zu zelebrieren. Yayyy!

Bei der internalisierten Misogynie geht es auch um eine Abgrenzung von Frauen gegenüber anderen Frauen, weil mit dem weiblichen Geschlecht vermeintlich negative Eigenschaften verbunden sind – wie Schwäche und Emotionalität – und diese Vorurteile unsere Gesellschaft so stark durchdringen, dass auch Frauen selbst sie verinnerlichen. Tara Wittwer schreibt dazu in einem Artikel: »Internalisierte Misogynie ist verinnerlichter Frauenhass. [...] Eine subtile Art von Hass, die unterbewusst funktioniert und die viele oft kaum bemerken. Der Hass ist schließlich anerzogen.«[5]

Frauen hassen Frauen? »Ich bin nicht so wie die anderen«, »Ich komme besser mit Männern zurecht«, »Frauen sind immer so anstrengend, sie sind viel zu zickig, viel zu emotional, viel zu ...« All das sind misogyne Aussagen oder Gedanken von Frauen über Frauen. Für diese subtile Form der internalisierten Misogynie hat sich ein Begriff etabliert: »Pick-Me-Girl«. Damit sind Frauen gemeint, die andere Frauen abwerten oder sich von ihnen distanzieren, um von Männern bevorzugt oder »ausgewählt« zu werden. Dahinter steckt allerdings keine Boshaftigkeit, sondern die Verinnerlichung gesellschaftlicher Vorurteile und Stereotype über das eigene Geschlecht und ihre unbewusste Reproduktion. Sich selbst als Ausnahme zu präsentieren ist ein Versuch, die systematische Diskriminierung von Frauen in unserer patriarchalischen Kultur zu umgehen, indem man sich mit den Unterdrückern (Männern) identifiziert und sich von den Unterdrückten abgrenzt. Lieber Mittäterin als Opfer sein. Das muss man erst mal sacken lassen.

Weitere subtile Formen von Misogynie und Sexismus zeigen sich im Alltag in unterschiedlichsten Situationen. Eine Frau in einer offenen Beziehung kann Blicke voller Missbilligung und Unverständnis ernten, während sich andere darüber lustig machen, dass ihr Mann wohl nicht genug für sie ist. Im Gespräch mit Freund:innen wird sie vielleicht mit Fragen bombardiert, die aus einer versteckten Kritik an ihrer Beziehung rühren. Und auf Social Media wird sie vielleicht entweder als ahnungsloses Opfer dargestellt, das zu naiv ist, um festzustellen, dass ihr Mann sie manipuliert und respektlos behandelt. Die Annahme, dass eine Frau in einer offenen Beziehung entweder getäuscht wird oder einen moralisch verwerflichen Charakter hat, spiegelt die tief sitzenden gesellschaftlichen Vorurteile und Normen, die Geschlechterrollen fortbestehen lassen.

Auch wenn die Männer vor Stigmatisierungen wie »Er ist unfähig, seine Frau zu befriedigen« oder »Er kann sich nicht binden« nicht sicher sind, stehen sie weniger im Fokus der gesellschaftlichen Kritik. Frauen werden für ihr Sexualverhalten eher kritisiert, während Männer für ähnliche Verhaltensweisen eher Zuspruch erhalten. Diese Doppelmoral können wir nur überwinden, wenn wir ein System schaffen, das nicht mehr auf der Überlegenheit von Männern basiert.

Es braucht Bildung, Reflexion und offene Diskussionen über Geschlechterrollen und -erwartungen. Ein wichtiger Schritt ist getan, wenn wir die Vorurteile und Annahmen über Geschlechter hinterfragen und erkennen, wie ihre Wahrnehmung und das damit verbundene Verhalten uns beeinflussen. Damit kann jede:r von uns heute anfangen. Ich werde weiter meinen Kopf dafür hinhalten, dass Vorurteile überwunden werden können und alle Menschen künftig gleichermaßen das Recht haben, ihre Beziehungen und auch ihre Sexualität frei zu gestalten, ohne gesellschaftlich an den Pranger gestellt zu werden.

»Ich könnte das nicht!«

Oder auch: »Was der Bauer nicht kennt, frisst er nicht.«

Wenn jemand über offene Beziehungen sagt: »Ich

könnte das nicht«, ohne sich jemals wirklich mit dem Thema auseinandergesetzt zu haben, spiegelt sich darin häufig ein verzerrtes Bild von offenen Beziehungen. Die Person stellt sich Situationen vor, in der sie getäuscht, respektlos behandelt oder in eine unangenehme Lage gedrängt wird – DAS könnte ich auch nicht beziehungsweise würde ich in meiner Beziehung ebenfalls nicht dulden.

So eine oft sehr vereinfachte und abwertende Darstellung wird dem Spektrum offener Beziehungen nicht gerecht. Es gibt viele verschiedene Formen und Praktiken, die den Beteiligten die Möglichkeit bieten, individuelle Bedürfnisse und Wünsche auszuleben und zu erforschen. Es stimmt, dass offene Beziehungen die Möglichkeit von sexuellen Begegnungen mit anderen Personen einschließen, aber sie sind weit mehr als das. Sie können auch tiefe emotionale Bindungen zu anderen Personen beinhalten und beruhen auf einem hohen Maß an Offenheit, Vertrauen und Konsens zwischen den Partner:innen. Respekt gegenüber allen Beteiligten ist von größter Bedeutung. Das schließt die Art und Weise ein, wie wir über unsere Partner:innen sprechen und wie wir ihre Gefühle und Bedürfnisse achten. Um sicherzustellen, dass alle Beteiligten ihre Bedürfnisse und Grenzen ausdrücken können und sich sicher fühlen, sind ständige Kommunikation und auch Verhandlung unerlässlich.

Manche Menschen fühlen sich in einer exklusiven Beziehung sicherer und wohler, andere nicht – und das ist vollkommen in Ordnung. Wenn jemand sagt: »Ich könnte das nicht«, könnte das ein guter Anlass sein, sich mit den eigenen Ängsten und der eigenen Beziehung auseinanderzusetzen. Denn oft ist dieser Satz eher ein Ausdruck von »Ich hab' Schiss davor« oder »Ich will das eigentlich gar nicht«. Das ist okay! Niemand sollte sich in eine offene Beziehung drängen lassen. Aber man sollte auch nicht vorschnell urteilen und die eigene Unsicherheit oder Unwissenheit auf andere projizieren. Denn was für den einen nichts ist, kann für die andere genau das Richtige sein. Also, bevor du das nächste Mal sagst: »Ich könnte das nicht«, könntest du dich fragen, was genau du damit meinst und näher definieren, was für dich absolute Dealbreaker in Beziehungen sind und was du stattdessen willst.

Willst du es wirklich nicht? Oder hast du einfach Angst vor dem Unbekannten, vor Eifersucht oder davor, dass deine Beziehung sich verändert?

Und selbst wer nach dieser Auseinandersetzung und Selbstreflexion zu dem Schluss kommt, dass eine offene Beziehung nichts für sie oder ihn ist, hat sich weiterentwickelt und wichtige Erkenntnisse über sich und die eigene Beziehung gewonnen. Noch mal: Es ist okay, keine offene Beziehung führen zu wollen. Aber zwischen können und wollen gibt es einen Unterschied. Denn »wollen« bedeutet hier, eine bewusste Entscheidung für oder gegen etwas zu treffen, basierend auf Wissen und den eigenen Bedürfnissen und nicht auf Ängsten und Vorurteilen.

Die Entscheidung für oder gegen eine einvernehmliche offene Beziehung sollte nach einer kritischen Auseinandersetzung erfolgen, nicht auf Basis von Vorurteilen und Ängsten.

Selbstbestimmt l(i)eben

Hand aufs Herz, wer hat auch schon mal versucht, ein IKEA-Regal zusammenzubauen, ohne die nervige Anleitung zu lesen? Zehn Seiten? Ach, das wird wohl nicht so schwer sein! Eine halbe Stunde später das ernüchternde Ergebnis: Das Regal wackelt, die Böden sind schief, und es sieht überhaupt nicht so aus, wie es sollte. Na super, wo kommt jetzt diese Schraube her, und wo gehört sie hin?

Genauso kann es mit dem Öffnen von Beziehungen sein. Manchmal kommen Paare mit viel Enthusiasmus zu mir, um ihre Beziehung zu öffnen. Die Vorteile liegen klar auf der Hand: mehr Abwechslung, mehr Erfahrungen, mehr Leidenschaft, das möchten wir auch! In der Praxis fliegt dieses Vorhaben dann vielen trotzdem gehörig um die Ohren. Die Begeisterung flacht schnell ab, Zweifel, Frust und Unsicherheiten tauchen auf. »Wir möchten es doch beide, warum ist es trotzdem so schwer?«

Das Problem ist die weit verbreitete Vorstellung, dass Beziehungen Selbstläufer sind, wenn wir nur die richtige Person an unserer Seite haben. »Liebe überwindet alles« klingt natürlich romantisch, hat aber mit der Realität nicht so viel zu tun. So kann es passieren, dass die Beziehung plötzlich genauso wackelig und instabil ist wie das IKEA-Regal.

Die schlechte Nachricht ist: Auch eine (offene) Beziehung zu führen ist nicht so einfach, wie das gesellschaftliche Idealbild von Liebe und Beziehungen es uns weismachen soll. Deshalb neigen wir dazu, den Aufbau grundlegender Beziehungskompetenzen zu vernachlässigen – genau die Skills, die wir dringend benötigen, um eine erfüllte Beziehung – und im nächsten Schritt eine erfüllte offene Beziehung – zu führen und die damit verbundenen Herausforderungen zu meistern.

Aber es gibt auch eine gute Nachricht: Selbst wenn wir noch keine Profis darin sind, offen und ehrlich miteinander zu reden, Konflikte zu lösen, Nein zu sagen oder die eigenen Bedürfnisse und Wünsche zu äußern, können wir es lernen. Es braucht ein bisschen Übung, aber du findest in den folgenden Kapiteln viele Beispiele, Schritt-für-Schritt-Anleitungen und Impulsfragen, mit denen du sofort loslegen kannst.

Jetzt denkst du vielleicht: »Jaja, das ist alles schön und gut, aber komm endlich zur Sache! Ich will wissen, wie offene Beziehungen funktionieren!« I feel you! Aber du willst nicht in den Ring steigen, ohne vorher ordentlich trainiert zu haben, oder? Deshalb klären wir im Folgenden erst mal die Basics, die für alle Beziehungen relevant sind, bevor es dann konkret um offene Beziehungen geht.

Es ist keine Raketenwissenschaft, versprochen!

Zwischen Norm und Selbstbestimmung – warum Schubladendenken ein Privileg ist

Gesellschaftliche Normen sind für die meisten Menschen so unsichtbar wie die Luft, die wir atmen. Sie formen unser Verständnis von uns selbst und der Welt, ohne dass wir uns dessen bewusst sind. Wer den Normen entspricht, kann ihre Existenz leicht ignorieren oder leugnen, weil sie von normkonformen Menschen nicht als einschränkend oder diskriminierend empfunden werden. Der Begriff »Beziehung« ist ein gutes Beispiel für die vorherrschende Heteronormativität und unser monogames Denken, denn mit Beziehungen sind »normalerweise« monogame Beziehungen zwischen Mann und Frau gemeint. Heterosexualität und Monogamie sind so selbstverständlich, dass wir sie oftmals gar nicht explizit erwähnen.

Die damit verbundene Vorstellung von Beziehung ist so bunt wie ein schwarz-weißes Bild. Sie beruht auf der Annahme, dass es nur zwei Geschlechter gibt, die durch biologische Merkmale festgelegt sind, dass Menschen sich zu Personen des anderen Geschlechts hingezogen fühlen und dass es bestimmte »richtige« oder »normale« Formen von Beziehungen gibt. Die spanische Feministin Brigitte Vasallo schreibt dazu: »Monogamie ist nicht nur eine Beziehungsform, sondern ein System. Dieses System strukturiert unser ›Privatleben‹, unsere Liebesbeziehungen, es sagt uns, wie, wann und wen wir zu lieben und zu begehren haben und was berechtigte Gründe sind, traurig, wütend, verletzt zu sein.«[6]

Die Sache ist: Wir alle denken in Schubladen. In unserer komplexen Welt hilft uns das, Ordnung und Sinn zu schaffen, indem wir ähnliche Objekte, Menschen oder Konzepte in hübsche, saubere Kategorien einordnen. Wir lieben unsere kleinen Schubladen, weil sie unser Leben einfacher machen. Was aber ist, wenn »normal« nicht zu dir passt? Wenn du die Person bist, die nicht in die Schubladen passt, in die die Gesellschaft dich stecken möchte? Freiheit und Selbstbestimmung haben ihren Preis. Während sich die einen genervt zurücklehnen und auf ihren Privilegien ausruhen, verstecken sich andere oder kämpfen nicht nur um Akzeptanz und Anerkennung, sondern auch um ihr Leben.

Schubladendenken ist nicht nur eine Form der Vereinfachung, es ist ein Privileg. Wer in die Norm passt, kann sich den Luxus leisten, in starren Kategorien zu denken. Auch ich schreibe dieses Buch zweifellos aus einer privilegierten Perspektive. Ich bin eine *weiße*, binäre, dem gängigen Schönheitsideal entsprechende Frau ohne Behinderung, die eine Ehe mit einem Cis-Mann führt. All das hat einen tiefgreifenden Einfluss darauf, wie ich die Welt wahrnehme und wie ich wahrgenommen und behandelt werde. Von vielen Diskriminierungen, mit denen andere Menschen konfrontiert sind, bleibe ich verschont. Meine Stimme wird oft gehört, während die Stimmen anderer überhört oder zum Schweigen gebracht werden. Die Erfahrungen, die ich mache und mit anderen teile, werden durch meine Identität und meine Lebensumstände beeinflusst.

Ein:e »Ally«, zu Deutsch »Verbündete:r«, ist eine Person, die sich aktiv dafür einsetzt, die Rechte einer marginalisierten oder unterdrückten Gruppe zu unterstützen, der sie selbst nicht angehört. Ein:e Ally bemüht sich, das Bewusstsein für soziale Ungerechtigkeiten zu schärfen, und setzt sich dafür ein, gesellschaftliche Ungleichheiten abzubauen.

Ich versuche, so inklusiv und respektvoll wie möglich zu sein. Dazu gehört für mich, meine eigenen Denkweisen und Überzeugungen kritisch zu hinterfragen, mein Wissen zu erweitern, zuzuhören und aus meinen Fehlern zu lernen.

Schubladendenken ist bequem, es vermittelt ein Gefühl von Sicherheit und Vorhersehbarkeit. Aber es ist vor allem ein Verlust für alle. Es schränkt unsere Wahrnehmung und unser Verständnis ein, es führt zu weniger: weniger Vielfalt, weniger Inklusion, weniger Empathie, weniger Freiheit. Wenn wir das Schubladendenken hinter uns lassen, schaffen wir nicht nur mehr Raum für andere, sondern wir erweitern auch unseren eigenen Horizont. Es ermöglicht uns, eine Welt zu entdecken, die reicher und vielfältiger ist, als wir es uns jemals hätten vorstellen können.

Das Märchen von der Liebe

»Meine Frau geht fremd. Sie weiß nicht, dass ich es weiß. Wir haben Kinder, ein Haus, im Bett läuft nichts mehr. Ich liebe meine Frau und will sie nicht verlieren.«

»Ich habe seit drei Jahren eine Affäre mit einem verheirateten Mann. Seine Frau weiß nicht von mir. Wir lieben uns, ich wünsche mir eine Beziehung mit ihm, er will seiner Frau bald alles erzählen …«

»Wir streiten uns ständig wegen Kleinigkeiten. Ich fühle mich überhaupt nicht verstanden und bin unsicher, ob ich mich trennen soll oder nicht.«

»Ich wünsche mir eine offene Beziehung, aber habe Angst, meinem Partner davon zu erzählen, weil er das niemals verstehen könnte.«

»Ich bin total eifersüchtig und kontrolliere meinen Partner. Ich weiß, dass er mich liebt, aber ich kann ihm einfach nicht vertrauen. Unsere Beziehung leidet extrem, und wir stehen kurz vor der Trennung.«

Diese Erfahrungen sind keine Ausnahmefälle, sondern Beziehungsrealität vieler Paare. Sie sind Ausdruck unserer realen, komplizierten, chaotischen Liebesleben. Alles unter dem Deckmantel der perfekten, fehlerlosen Monogamie, die wir nach außen hin darstellen, inspiriert von Hollywood-Filmen und ihren vorhersehbaren Happy Ends. Wir lassen uns gern von den romantischen Geschichten blenden, die uns in Büchern, Filmen, Märchen und Daily Soaps präsentiert werden, denn sie wecken in uns eine tiefe Sehnsucht und lehren uns, dass wir alle nach perfekten Beziehungen streben sollten, weil sie uns automatisch zu erfolgreichen, ganzen Personen machen.

Wir sind geprägt von einer Kultur, die uns Märchen von der einen wahren Liebe erzählt. Disney und Co. haben gute Arbeit geleistet, uns ein unrealistisches Bild von Liebe und Partnerschaft vorzugeben. Cinderella, Schneewittchen, Dornröschen – sie alle finden trotz Widrigkeiten am Ende ihren Prinzen – oder werden vielmehr von ihm gefunden –, mit dem sie dann »glücklich bis ans Ende ihrer Tage« leben.

Wir befinden uns im Jahr 2023, aber genau diese heteropatriarchalische misogyne Grundstory spiegelt sich in überwiegender Tendenz noch immer in Beziehungen und Familienkonstrukten sowie den geschlechtertypischen Rollenbildern wider, von denen wir umgeben sind. Der heterosexuelle Cis-Mann dominiert die Frau*, deren Geschlechterrolle natürlich auch von heteronormativen Ansichten beeinflusst wird. Andere Formen von Beziehungen oder Familienkonstellationen, die nicht Mann-Frau-Kind-Haus-Hund entsprechen, werden diskriminiert, abgewertet und als kurzlebiger Trend abgetan. Heteronormativität ist nicht nur in unseren Köpfen als einzige Wahrheit verankert, sondern auch fest in unseren Institutionen und Gesetzen etabliert.

Märchen sind nicht nur wegen ihrer Realitätsferne mit Vorsicht zu genießen, sondern auch hinsichtlich ihres häufig wiederholten Plots: Eine Frau ist eifersüchtig auf eine andere, weil diese schöner ist als sie selbst. Ob durch Vergiften, Verfluchen oder Einsperren – mit allen Mitteln wird versucht, die Schönheit aus dem Weg zu räumen. Die Rolle des Retters kann nur einem gehören, nämlich dem Prinzen. Und wenn sie nicht gestorben sind, dann leben sie noch heute.

Wie es zwischen Cinderella, Schneewittchen, Dornröschen und ihren Prinzen weitergeht, wird nicht verraten. Und wir? Wir hoffen auf ein Märchen und werden mit der manchmal ernüchternden Bandbreite echter Beziehungen konfrontiert. Die Prinzen und Prinzessinnen entpuppen sich als Menschen mit Ecken und Kanten. Sie arbeiten zu viel, schmeißen ihre Socken vor den Wäschekorb und schnarchen nachts vor sich hin. Anstatt eines glitzernden Palasts erwartet uns ein chaotischer Haushalt, in dem die Küche nie aufgeräumt ist und sich die Wäscheberge stapeln. Wenn die typischen Herausforderungen auftauchen, die zwischenmenschliche Beziehungen mit sich bringen, stehen wir oft hilflos da und wissen nicht, wie wir damit umgehen sollen. Wir sind überrascht, verwirrt, vielleicht enttäuscht. Wir hatten doch dieses perfekte Bild im Kopf – warum entspricht unsere Beziehung dem nicht?

Wir brauchen mehr Realität! Also ein realistischeres Bild von Beziehungen und Liebe und ein realistischeres Bild von uns selbst und unseren Partner:innen. Liebe allein reicht nicht aus, um Partner:innenschaften auf ein solides Fundament zu stellen. Genauso wie wir uns im Beruf oder in einem Hobby bestimmte Fähigkeiten aneignen, um uns weiterzuentwickeln, gehört das auch bei Beziehungen dazu.

Hier sind ein paar stärkende Leitsätze, die uns helfen können, ein realistischeres Bild von Beziehungen zu entwickeln und die Beziehungsgestaltung bewusster anzugehen:

Es gibt keine perfekten Beziehungen. Jedes Paar durchläuft Höhen und Tiefen.
Konflikte sind unausweichlich. Sie sind eine Chance für Wachstum und größeres Verständnis füreinander.
Unterschiede zwischen Partner:innen sind größer als Gemeinsamkeiten. Die Lösung glücklicher Beziehungen liegt in der Akzeptanz der Andersartigkeit.
Kommunikation ist die Basis. Sich öffnen, zuhören und mitfühlen sind wesentliche Fähigkeiten für eine Beziehung.
Beziehungen sind dynamisch. Sie verändern und entwickeln sich ständig weiter.
Liebe ist eine Handlung. Es geht darum, der anderen Person gegenüber liebevoll und respektvoll zu handeln, auch wenn wir uns gerade nicht »liebevoll« fühlen.

Beziehungen, die von Liebe, Respekt und Verständnis geprägt sind, fallen nicht einfach vom Himmel. Sie sind das Ergebnis kontinuierlicher Bemühungen, uns selbst und die andere Person besser zu verstehen. Sie sind das Produkt unserer Entscheidungen, unserer Handlungen und unserer Worte. Es ist an der Zeit, die Realität unserer Liebesleben anzuerkennen und den Idealbildern den Rücken zu kehren.

Neue Beziehung – alte Muster

Wie Beziehungen »funktionieren«, lernen wir an Beispielen. Wir schauen uns von klein auf ab, wie unsere Eltern oder enge Bezugspersonen miteinander in Beziehung stehen, und ahmen ihr Verhalten unbewusst nach. Auch die Beziehung zu den Eltern wirkt sich maßgeblich auf unsere späteren (Liebes-)Beziehungen aus. Wer sich als Kind Aufmerksamkeit, Wertschätzung und Liebe durch bestimmte Verhaltensweisen *verdienen* musste oder dafür über die Maßen gelobt wurde, wird wahrscheinlich auch als erwachsener Mensch an diesen Verhaltensweisen festhalten. Und ehe wir uns versehen, finden wir uns in der Art von Beziehung wieder, die uns vorgelebt wurde. Das ist natürlich nicht per se schlecht, denn wer in einem Umfeld mit gesunden Beziehungen aufwächst, kann in erhöhtem Maße von diesen Nachahmungseffekten profitieren. Doch leider wiederholen sich auf diese Weise auch weniger förderliche oder gar destruktive Denk- und Verhaltensmuster, die von einer

Generation an die nächste weitergegeben werden. Nur wer es schafft, diese Muster zu erkennen und bewusst zu reflektieren, kann diese Kreisläufe durchbrechen.

Transgenerationale Muster beziehen sich auf die Übertragung von Verhaltensweisen, Denkmustern oder traumatischen Erfahrungen von einer Generation zur nächsten innerhalb einer Familie.

Sogenannte Cycle Breaker können demnach Beziehung kreieren, die nicht nur auf vergangenen Erfahrungen und gesellschaftlichen Normen basieren, sondern auf neuen Bindungserfahrungen und einer eigenen Idee von Liebe und Beziehung im Einklang mit den eigenen Werten und Bedürfnissen.

Ein persönliches Beispiel: Ich komme aus einem sehr liebevollen Elternhaus. Meine Eltern sind seit fast vierzig Jahren glücklich verheiratet, und ich bin sehr behütet und geliebt aufgewachsen. Streit hat es zu Hause nie gegeben, und ich bin da lange sehr stolz drauf gewesen. Aber ich habe schon früh gelernt, dass Harmonie wichtiger ist, als die eigenen Bedürfnisse und Wünsche zu vertreten. Ich vermied es lieber, einen Konflikt zu verursachen, jemandem auf den Schlips zu treten oder gar negativ aufzufallen. Als Schwester von zwei Brüdern, die auch noch Zwillinge sind, wollte ich insbesondere meiner Mutter nicht zusätzlich zur Last fallen. Hier spielt sicherlich auch die stereotype Geschlechtersozialisierung eine Rolle, die oft dazu führt, dass insbesondere weiblich gelesene Personen schon früh lernen, die Bedürfnisse anderer über ihre eigenen zu stellen.

Das transgenerationale Muster sieht dementsprechend so aus: In der Familie wurden Konflikte vermieden oder nicht offen angesprochen. Ich habe gelernt, dass es besser ist, meine Bedürfnisse zurückzustellen, um Harmonie aufrechtzuerhalten. Diese Muster haben mich daran gehindert, meine Gefühle und Bedürfnisse auszudrücken. Kinder passen sich äußeren Umständen und anderen Menschen an, und das habe auch ich getan. Von meiner Mutter habe ich das Motto gelernt: »Wenn es meinen Lieben gut geht, geht's mir auch gut.« Sie machte es vor, ich machte es ihr nach. Im Umkehrschluss habe ich mich also gern und über alle Maßen um andere gekümmert und mich darum bemüht, dass es ihnen gut geht. Mit diesem Verhalten bin ich gut gefahren, keine Frage. Es hat mich durch meine Schulzeit gebracht, durch meine Ausbildung, durch Freund:innenschaften. Aber diese Medaille hat zwei Seiten: Ich hatte gelernt, wie ich mich verhalten muss, um nicht anzuecken, sondern von anderen gemocht und anerkannt zu werden. Die Verbindung zu mir selbst und zu meinen Bedürfnissen hatte ich im Zuge dieser starken Außenorientierung nie richtig entwickelt.

In mir steckte aber auch immer schon dieser rebellische Teil, der sich nichts vorgeben lassen wollte, der mutig genug war, unkonventionelle Wege zu gehen und für sich einzustehen. Ich mag es zum Beispiel bis heute nicht, ungefragt Ratschläge zu erhalten, mögen sie noch so gut gemeint sein. Auch die Entscheidung, als Frau zur Bundeswehr zu gehen, war eher ungewöhnlich. Aber in meinen Liebesbeziehungen, einschließlich meiner jetzigen, fiel ich stets in das kindliche Muster zurück, und mich begleitete eine ständige Angst, nicht gut genug zu sein und verlassen zu werden. Diese Angst zeigte sich durch starke Eifersucht, wenn zum Beispiel mein Freund abends allein mit seinen Jungs etwas unternehmen wollte. Heute tut es mir für mein jüngeres Ich leid, dass ihr niemand Strategien an die Hand gegeben hat, um mit solchen Situationen und den starken Gefühlen besser umzugehen.

Vielleicht kommen dir als Leser:in meine Zeilen befremdlich vor, weil du ein völlig anderer Typ bist. Eifersucht ist für dich ein Fremdwort, und du kannst nur schwer nachvollziehen, wieso andere sich über alles und nichts den Kopf zerbrechen? Wir Menschen sind so unterschiedlich und jede:r hat sein individuelles Päckchen zu tragen. Ganz egal, was es ist – die Auseinandersetzung mit dem Thema offene Beziehung bringt die eigenen Baustellen ans Licht. Es ist hilfreich, wenn wir dabei auch besonders nach ungesunden Bindungsmustern Ausschau halten, die uns transgenerational unbewusst weitergegeben worden sind.

Dann können wir zu Cycle Breakern werden und schaffen es, solche vererbten Muster zu erkennen und zu durchbrechen. Wir sind dann in der Lage, die negativen Verhaltens- und Denkmuster, die wir aus unserer Kindheit kennen und für selbstverständlich halten, zu hinterfragen und zu verändern. Indem wir unsere destruktiven Muster erkennen und verändern, unterbrechen wir auch die Weitergabe von ungesunden Bindungsmustern an die nächste Generation. Wir schaffen es, neue, gesündere Beziehungen aufzubauen, die auf sicheren Bindungserfahrungen basieren. Jeder Mensch hat das Potenzial, ein Cycle Breaker zu sein!

Selbstsabotage überwinden

»Heute ist ein guter Tag, um mir selbst das Leben so richtig schwer zu machen«, ein Gedanke, mit dem wohl niemand morgens aufsteht. Und doch machen wir uns regelmäßig selbst das Leben schwer. Wir sind wahre Expert:innen der unbewussten Selbstsabotage. Ähnlich wie Denk- und Verhaltensweisen, die von Generation zu Generation weitergegeben werden, haben auch viele unserer sabotierenden Gewohnheiten ihren Ursprung in unserer Kindheit. Sie basieren auf einer überlebenswichtigen Logik, der wir als Kleinkinder folgen. In jungen Jahren sind wir abhängig von der Liebe und Zuwendung unserer Umwelt. Wir lernen schnell, welches Verhalten belohnt wird und wofür wir möglicherweise bestraft werden – vielleicht sogar mit Liebesentzug. Kinder gehen erst mal davon aus, dass das Verhalten der Eltern immer richtig ist, und zweifeln es nicht an.

Diese früh erlernten Muster verankern sich tief in unserem Unterbewusstsein, weshalb sich die Eltern-Gebote bis ins hohe Erwachsenenalter auf unser Denken und Handeln auswirken und dazu führen, dass wir unsere Ziele nicht erreichen oder unsere Wünsche und Bedürfnisse unterdrücken. Ihr eigentliches Ziel ist es, uns vor Gefühlen oder Situationen zu schützen, die wir als bedrohlich oder schmerzhaft empfinden könnten.

In Beziehungen kann sich diese Art von Selbstsabotage auf verschiedene Weise manifestieren. Wenn wir beispielsweise tief im Inneren das Gefühl haben, dass wir nicht liebenswert oder »gut genug« sind, könnten wir uns selbst sabotieren, indem wir Beziehungen vermeiden oder Menschen auf Distanz halten. Wir könnten uns vor der Intimität fürchten aus Angst, verletzt oder verlassen zu werden. So vermeiden wir zwar potenzielle Schmerzen oder Ablehnungen, doch hindern wir uns selbst daran, tiefgründige und erfüllende Beziehungen zu erleben.

Das Gefühl, »nicht gut genug zu sein«, kann beispielsweise entstehen, wenn Bedürfnisse in der Kindheit nicht ausreichend erfüllt werden oder Eltern ihre Kinder ständig kritisieren. Dann können Kinder die Überzeugung entwickeln, dass mit ihnen etwas nicht stimmt oder dass sie nicht liebenswert sind. Diese frühkindliche Logik kann dann auch noch im Erwachsenenalter dazu führen, dass wir uns nicht gut genug fühlen, selbst wenn es objektiv betrachtet keinen Grund mehr dafür gibt, so zu denken. Wir sabotieren uns unbewusst selbst, um unsere tief verankerten Überzeugungen zu bestätigen, dass wir nicht erfolgreich sein können oder es nicht wert sind, geliebt zu werden.

Selbstsabotage hat viele Gesichter und ist besonders tückisch, wenn sie sich hinter vermeintlich positiven Verhaltensweisen tarnt: immer 110 Prozent geben, bis spät in die Nacht arbeiten, perfektionistisch sein. Die Außenwelt applaudiert: »Erstaunlich, wie machst du das bloß, du hast immer alles im Griff!« Wir bekommen positives Feedback für ein Verhalten, hinter dem sich letztlich Selbstsabotage verbirgt. Wir geben zwar immer Vollgas, sehnen uns aber eigentlich nach einer Auszeit. Unser Überstundenkonto ist prall gefüllt, aber wir fühlen uns erschöpft. Wir erhalten Anerkennung, schädigen aber unsere Gesundheit und unser Wohlbefinden.

Hinter diesem schädigenden Verhalten steckt ein funktionaler Sinn: Wir wollen uns angenommen fühlen. Die Ausgangsbasis ist eine unbewusste Haltung nach dem Motto: »Ich bin nicht o. k., die anderen sind o. k.«. Und damit wir uns selbst als o. k., also akzeptiert und geliebt, fühlen können, verhalten wir uns entsprechend.

Leistungsbereitschaft, Genauigkeit, Freundlichkeit oder Hilfsbereitschaft sind ganz wichtige Eigenschaften und Ressourcen, ohne die uns vermutlich vieles im Leben nicht gelingen würde. Es ist nicht per se schlecht, sich so zu verhalten, denn in ganz vielen Situationen ist es zielführend. Dann gibt es aber auch noch Situationen, in denen genau dasselbe Verhalten unpassend oder sogar schädlich ist, wir aber eine Art inneren Zwang verspüren, uns trotzdem so zu verhalten. Selbstsabotage zu beenden ist nicht so leicht, weil sie kurzfristig dafür sorgen kann, dass wir uns gut und angenommen fühlen. Die Angst ist oft: »Wenn ich mein Verhalten ändere, werde ich verlassen. Ich darf nicht für mich selbst einstehen.«

Viele von uns sind zudem an ständige Grenzüberschreitungen im Alltag gewöhnt. Momente, in denen unser Bauchgefühl uns sagt, dass etwas nicht richtig ist, aber wir dennoch zustimmen, weil wir glauben, dass die andere Person es besser weiß. Wir haben gelernt, damit umzugehen, weil wir uns selbst und unsere Bedürfnisse, Wünsche und Ziele nicht ernst nehmen. Wir haben gelernt, nett und anspruchslos zu sein und die Dinge wegzulächeln. Doch es ist Zeit, dies zu ändern. Es ist Zeit, Grenzen zu setzen und für unsere eigenen Bedürfnisse und Ziele einzustehen. Es ist Zeit, uns zur Priorität zu machen und uns zu erlauben, wirklich glücklich zu sein.

Schritt 1: Kritische Selbstreflexion – das Chaos sortieren

Prüfe, was du über Liebe und Beziehungen gelernt hast und was du über dich selbst denkst.

Wenn wir ganz ehrlich mit uns selbst sind – und das sind die wenigsten –, werden wir erkennen, dass wir oft selbst der wiederkehrende Nenner unserer eigenen Probleme sind. Das ist zunächst eine bittere Pille, die wir schlucken müssen, aber es lohnt sich. Es geht nicht darum, sich selbst zu verurteilen, sondern einen ehrlichen Blick auf die eigenen Denkmuster, Emotionen und Verhaltensweisen zu werfen, um sich besser kennenzulernen und zu verstehen, warum wir tun, was wir tun.

Diesen Prozess kann man sich vorstellen wie das Aufräumen eines Kleiderschranks: Man öffnet Schubladen, verschafft sich einen Überblick über einzelne Kleidungsstücke und überlegt, warum man sie aufbewahrt und ob sie noch passen. Der Kleiderschrank steht dabei für unser Mindset und unsere subjektive Sichtweise auf die Welt. Die Kleidungsstücke stehen für die Gedanken und Glaubenssätze, die auf vergangenen Erfahrungen basieren. Es geht darum, sich bewusst zu machen, was man über sich und die Welt gelernt hat und welche Geschichten man sich selbst erzählt. Im Zusammenhang mit Beziehungen kann das konkret bedeuten, sich zu fragen, was man über Beziehungen und Liebe gelernt hat, als wie liebenswert man sich selbst empfindet und ob man das Gefühl hat, es wert zu sein, geliebt zu werden.

Es ist nämlich so: Wie wir uns in bestimmten Situationen fühlen und verhalten, hängt mit unserer Bewertung der Situation zusammen und den daraus resultierenden Emotionen. So funktioniert unser Gehirn. Es speichert Erfahrungen und die dazugehörigen Emotionen ab und macht daraus einen automatisierten Ablauf, der in ähnlichen Situationen immer und immer wieder abgespielt wird. Wie auf Knopfdruck geht der Autopilot an: Eine Situation x tritt auf, und unbewusst zack – die alten Gefühle kommen hoch, und wir verhalten uns entsprechend. Eigentlich sollen diese automatisierten Handlungsabläufe unser Leben vereinfachen. Sie sollen unsere Reaktionsfähigkeit beschleunigen und wertvolle geistige Kapazitäten einsparen. Manchmal sind diese gespeicherten Automatismen jedoch nicht mehr förderlich für uns, weil sie heute nicht mehr zur Bewältigung der Situation beitragen.

Da kommen wir auch zu einem weiteren, sehr wichtigen Aspekt der kritischen Selbstreflexion, und zwar dem liebevollen Umgang mit uns selbst. Darin sind die wenigsten von uns wirklich gut. Die meisten haben einen extrem hohen Anspruch an sich selbst, an die eigene Leistung, an das, was wir zu tun haben, um geliebt, akzeptiert und wertgeschätzt zu werden. Ängste, Sorgen und Eifersucht als das anzuerkennen, was sie sind, fällt schwer: nämlich wichtige Schutzstrategien, die in der Vergangenheit mal gut funktioniert haben. Mir liegt dieser Punkt besonders am Herzen, und es ist wichtig zu verstehen, was hinter den eigenen Verhaltensweisen, Ängsten und Gefühlen steckt. In der Traumaarbeit spricht man von der Inneren Haltung des Guten Grundes, und auch als systemischer Coach ist das meine Grundhaltung, die ich dir gern mit an die Hand geben möchte: »Mein Verhalten und mein Denken haben ihre Ursache. Sie sind Ausdruck meiner Kompetenz, lösungsorientiert zu denken und zu handeln, und sie dienten mir in der Vergangenheit als Schutz- und Überlebensstrategien.« Aus dieser liebevollen Haltung heraus wird es uns leichter gelingen, Altes loszulassen und Neues zu lernen.

Kinder handeln oft aus Loyalität und Liebe zu ihren Bezugspersonen. Selbst wenn sich diese total danebenbenehmen, werden die Kinder sich die Schuld dafür geben und alles dafür tun, die Beziehung nicht zu gefährden. Sie nehmen selbstschädigende Verhaltensweisen und Lasten auf sich, die sie eigentlich nicht tragen sollten. Weil Kinder von der Zuwendung ihrer Bezugspersonen abhängig sind, ist dieses Verhalten sinnvoll und überlebenswichtig. Als Erwachsene tragen wir diese Lasten manchmal immer noch mit uns herum.

Jedes Verhalten macht irgendwo Sinn, auch wenn du den Sinn vielleicht nicht direkt erkennen kannst. Oder sagen wir: Vielleicht kannst du ihn nicht ***mehr*** erkennen. So war es zu irgendeiner Zeit vielleicht sinnvoll, sich zurückzuhalten, sich klein zu machen, sich klein zu halten, nicht zu viel zu wollen? Vielleicht hätte sich sonst jemand angegriffen gefühlt? Vielleicht war es sicherer, »keine Umstände zu machen« und unsichtbar zu werden.

Denk mal an die letzte Diskussion mit deinem Beziehungsmenschen. Hast du etwas zurückgehalten, weil du Angst hattest, dass die andere Person sich angegriffen fühlt? Oder hast du bei einem Streit sofort klein beigegeben und dich entschuldigt, obwohl du eigentlich nicht der Meinung bist, dass du im Unrecht warst? Fühlt sich ein Nein für dich unhöflich oder egoistisch an? Das sind typische Beispiele dafür. Finde heraus, welche typisch wiederkehrenden Situationen es in deinem Leben und deiner Beziehung gibt, in denen du dir das Leben schwer machst.

Wo versuche ich, es anderen recht zu machen?
Warum übernehme ich die Verantwortung für die Gefühle und Reaktionen der anderen Person?
Wann nörgle und zweifle ich an mir herum?
Was erledige ich allein, ohne um Unterstützung zu bitten?
Wann erledige ich ganz viele Dinge gleichzeitig?
Wo stelle ich meine eigenen Bedürfnisse hinter die der anderen?
Warum glaube ich, dass es meine Aufgabe ist, die Beziehung um jeden Preis harmonisch zu halten?

Du bist nicht dafür verantwortlich, wie andere auf dich reagieren, oder die Harmonie in der Beziehung um jeden Preis aufrechtzuerhalten. Du hast das Recht, dich auszudrücken und deine Bedürfnisse zu äußern, ohne dich klein zu machen oder dich zurückzuhalten.

Wenn das nächste Mal wieder einer deiner inneren Antreiber das Ruder übernehmen will und dir sagt: Streng dich an! Mach es allen recht! Sei perfekt! Beeil dich! – Halte inne:

»Ich fühle mich innerlich dazu gedrängt, jetzt … zu tun, zu sagen, zu denken oder zu fühlen. Gut. Aber möchte ich mich wirklich dafür entscheiden? Welche Alternativen habe ich? Wofür entscheide ich mich?«

Schritt 2: Transformation und Loslassen – Was nicht mehr passt, kann weg

Wir sind bildlich gesprochen immer noch am Ausmisten und Aufräumen des Kleiderschranks. Wir haben uns im ersten Schritt einen Überblick darüber verschafft, was sich in den letzten Jahren alles an Zeugs angesammelt hat. Unser Bett ist voller Stapel alter Klamotten, es gibt einen »Kann weg«-Stapel und einen »Vielleicht behalten«-Stapel. Unser Hirn rattert: »Mann, die Jacke hatte ich nur einmal an, die hat ein Vermögen gekostet«, »Wenn ich endlich die 5 Kilo abnehme, dann passt die Hose sicher wieder«, »Uh, absoluter Fehlkauf – kann weg!«

Wenn wir erst mal damit anfangen, uns selbst genauer unter die Lupe zu nehmen, wird uns vermutlich auffallen, wie viel alten Gedankenschrott wir eigentlich mit uns herumtragen. Das Ausmisten von Glaubenssätzen und Verhaltensweisen ist leider nicht so einfach wie bei alten Klamotten, denn je tiefer sie als Automatismus in unserer Psyche verankert sind, desto schwieriger ist es, sie zu verändern. Es macht für unser Gehirn keinen Unterschied, ob der Autopilot heute noch förderlich oder hinderlich ist, um eine Situation zu bewältigen. Es ist lediglich gespeichert, dass es sicher ist, sich so zu verhalten, im Sinne von: Wenn ich lieb bin und nicht auffalle, lobt Mama mich dafür. Wenn ich mich besonders anstrenge, ist Papa stolz auf mich. Was Mama und Papa (oder andere Bezugspersonen) sagen und tun, ist für Kinder richtig und die absolute Wahrheit. Es handelt sich dabei um sogenannte Elterngebote, deren Wahrheitsgehalt nicht hinterfragt wird (weil Säuglinge und kleine Kinder dazu auch kognitiv noch gar nicht in der Lage sind).

Durch Erziehung, Erfahrungen und Prägungen lernen wir aber nicht nur, wie wir uns zu verhalten haben, sondern bilden daraus auch unbewusste Überzeugungen über uns selbst, sogenannte Glaubenssätze. Diese Glaubenssätze sind wiederkehrende Gedanken und Überzeugungen, die sich im Laufe der Zeit verfestigen, wenn wir sie regelmäßig wiederholen. Indem wir diese Glaubenssätze immer wieder denken, werden sie quasi zu einer Standardreaktion in ähnlichen Situationen. Das bedeutet, dass unsere Wahrnehmung und unsere Reaktionen auf neue und ähnliche Situationen durch unsere Glaubenssätze gefärbt sind.

Wenn ein:e Ex-Partner:in sehr unzuverlässig war, könnte es sein, dass wir in jede neue Beziehung mit der Überzeugung gehen, dass alle Partner:innen unzuverlässig sind. Selbst wenn der neue Beziehungsmensch seine Zuverlässigkeit immer wieder beweist, ist es sehr schwierig, die alte Überzeugung loszulassen. Dieses Phänomen wird auch als Bestätigungsfehler oder -verzerrung (*confirmation bias*) bezeichnet. Unser Gehirn neigt dazu, Informationen zu suchen, zu interpretieren und sich an Informationen zu erinnern, die bestehende Überzeugungen oder Hypothesen bestätigen, während es gleichzeitig Informationen übersieht oder missinterpretiert, die diese Überzeugungen infrage stellen.

Erfahren wir eine Situation, dann versucht unser Gehirn diese mit einem Glaubenssatz zu erklären. In der Folge klammern wir uns an Glaubenssätze und verallgemeinern Situationen. Glaubenssätze können unser Denken, Fühlen und Handeln bis ins hohe Erwachsenenalter beeinflussen. Ein positiver Glaubenssatz kann deinen ganzen Tag besser machen. Das gilt aber auch andersherum. Deshalb ist es wichtig, dir klarzumachen, was du so den ganzen Tag über die Beziehung und dich selbst denkst und fühlst. Und wenn's zu negativ wird, gilt es, den Schalter umzulegen.

Wir können uns fragen: Welche Alternativen zu meinen bisherigen Gedanken und Verhaltensweisen gibt es, die mich unterstützen, die mich stärken, die mir helfen, Herausforderungen zu meistern? Was kann ich ab sofort anders machen als bisher? Aus »Ich bin nicht gut genug für meine:n Partner:in« wird: »Ich mache Fehler und bin liebenswert.« Aus »Konflikte sind bedrohlich und sollten vermieden werden« wird: »Wir können Probleme gemeinsam lösen.«

Die Bewertung eines Glaubenssatzes als »gut« oder »schlecht« ist subjektiv und kann von Person zu Person unterschiedlich ausfallen. Wichtiger ist es, zu schauen, wie er sich auf unser Leben und unsere Wahrnehmung auswirkt. Ein förderlicher Glaubenssatz unterstützt uns dabei, unsere Ziele zu erreichen, uns selbst zu stärken und ein positives Selbstbild zu entwickeln. Er kann uns ermutigen, Herausforderungen anzunehmen, Veränderungen anzustreben oder an unsere Fähigkeiten zu glauben. Destruktive Glaubenssätze hingegen schränken uns eher ein und verstärken ein negatives Selbstbild.

Um Glaubenssätze zu testen, können folgende Fragen hilfreich sein:

Unterstützt dieser Glaubenssatz mein persönliches Wachstum?
Führt er zu positiven und konstruktiven Gedanken?
Beschränkt er mich, oder hält er mich davon ab, neue Erfahrungen zu machen?
Fördert er ein positives Selbstbild?

Ich möchte an das Klamottenbeispiel anknüpfen: Anstatt sich von externen Erwartungen oder Trends leiten zu lassen, darfst du herausfinden, was dir persönlich gefällt und worin du dich wohlfühlst. Ob das nun schick, sportlich oder lässig ist, ist ganz individuell. Es geht darum, langfristig das

Repertoire aus bisherigen Gedanken und Verhaltensweisen zu erweitern und sich von negativen oder einschränkenden Glaubenssätzen zu lösen und stattdessen positive, stärkende Glaubenssätze zu etablieren.

Schritt 3: Transfer – den eigenen Stil finden

Wir haben überlegt, welche Alternativen es zu unseren bisherigen Denk- und Verhaltensweisen gibt. Im nächsten Schritt probieren wir diese aus und schauen, ob sie passen oder nicht. Schritt 3 ist also der Praxistest, mit dem wir schauen, wie sich die neuen Verhaltensweisen anfühlen und ob sie zu neuen Routinen werden können.

In Beziehungen könnte das bedeuten, dass wir anfangen, auf eine neue Art und Weise zu kommunizieren, Grenzen zu setzen oder uns in Konfliktsituationen anders zu verhalten. Es geht darum, die neuen Verhaltensweisen und Denkmuster, die wir erlernt haben, in realen Beziehungssituationen anzuwenden, um zu sehen, ob sie funktionieren und ob sie sich richtig anfühlen. Es ist eine Zeit des Experimentierens, des Lernens und des Wachsens, während wir unsere neuen Fähigkeiten in der realen Welt auf den Prüfstand stellen.

Du stellst dir ein neues Outfit zusammen und präsentierst es der Welt. Passt mir das? Wie fühle ich mich damit? Wie gehe ich damit um, wenn jemandem mein neuer Stil nicht gefällt?

Wenn wir uns verändern und weiterentwickeln, wirkt

sich das auch auf unsere Umwelt und unsere Mitmenschen aus. Selbst eine für uns positive Entwicklung kann »unangenehme« Konsequenzen haben. Die eigenen Bedürfnisse klar zu kommunizieren oder Grenzen zu setzen kann zur Folge haben, dass Konflikte entstehen – die Konflikte, die durch unser bisheriges Verhalten erfolgreich vermieden wurden. Unser Handeln hat immer Folgen, und auch für unsere bisherigen Verhaltensweisen haben wir einen Preis gezahlt – vielleicht haben wir uns im Stillen über uns selbst geärgert oder wurden von anderen nicht ernst genommen. Sind wir in Zukunft nicht mehr die Person, die ihre Bedürfnisse hinter die der anderen stellt und ihre eigenen Grenzen zum Wohle anderer immer wieder verschiebt, wird das vermutlich nicht allen gefallen. »Bin ich bereit, diese Konsequenzen in Kauf zu nehmen?«, ist an dieser Stelle eine wichtige Frage.

Wir wappnen uns also von vornherein gegen Widerstand, Kritik und Rückschläge und lassen uns von ihnen nicht plötzlich überraschen. Oftmals scheitern Menschen daran, ihre Vorhaben in die Tat umzusetzen, wenn es unangenehm wird. Es geht nicht darum, sich die wildesten Horrorszenarien auszumalen, die uns völlig entmutigen, sondern unsere Motivation für die Veränderung zu stärken. Denn wenn wir uns im Vorhinein darüber bewusst sind, welche negativen Folgen und Konsequenzen unsere Entscheidungen haben können, können wir besser abwägen, was uns wichtiger ist:

Mit welchen negativen Folgen und Konsequenzen rechne ich, wenn ich mein Vorhaben umsetze? Was ist mir wichtiger? Die Vorteile meiner Ziele oder die potenziellen Nachteile?

Rückschläge und Kritik von außen sind bei Veränderungsprozessen so sicher wie das Amen in der Kirche. Wenn du deinen neuen Style ausprobierst und dir plötzlich jemand sagt, dass du aussiehst wie ein Clown auf einer Kostümparty, lass dich davon bitte nicht verunsichern. Schau genau hin, wer dich kritisiert und wofür, und entscheide bewusst, ob du die Kritik annehmen möchtest oder nicht. Nicht jede Form von Kritik ist hilfreich oder bringt dich weiter. Handelt es sich um eine vertraute Person, die dich gut kennt und bemerkt, dass du nicht mehr authentisch bist? Diese Person möchte vielleicht sichergehen, dass du dir treu bleibst und dass es dir gut geht. Würdest du diese Person auch um Rat fragen? Dann magst du vielleicht auch ihre Kritik anhören. Es könnte aber auch Personen geben, die davon profitiert haben, dass du früher nachgiebiger warst und zu allem Ja und Amen gesagt hast, und für die das nun unbequem ist, dass du das nicht mehr machst. Wenn Menschen dich kritisieren, hinterfrage, ob ihre Motive darin liegen, *dein* Bestes zu wollen oder *ihr* Bestes.

Gute Vorsätze bleiben immer gute Vorsätze, Realität werden sie nur durch dein Tun. Fasse den Entschluss und gehe innerhalb von 72 Stunden die ersten konkreten Schritte zur Umsetzung.

So erkennst du konstruktive Kritik:

Konstruktive Kritik wird in einem passenden Moment geäußert und erfolgt nicht ungefragt: »Hey, ich würde gern mit dir über eine Sache sprechen, die mir aufgefallen ist. Bist du gerade bereit für konstruktive Kritik oder darf ich zu einem späteren Zeitpunkt noch mal auf dich zukommen?« Kritik anzunehmen braucht Bereitschaft und Ressourcen.
Konstruktive Kritik wird wertschätzend geäußert und zielt auf Stärken und Erfolge ab.
Sie ist klar und präzise formuliert und bezieht sich auf konkrete Verhaltensweisen und Handlungen, die verbessert werden können (wenn du etwas nicht verstehst, frag nach!), niemals jedoch auf eine Person.
Sie ist darauf ausgerichtet, positive Veränderungen herbeizuführen. Sie soll als Hilfestellung und Unterstützung dienen, die eigenen Fähigkeiten zu stärken oder Probleme zu lösen.

Wenn diese Punkte erfüllt sind, fällt es uns leichter, Kritik zu empfangen. Wir können uns dazu entscheiden, geäußerte Kritik zu reflektieren, und sie dann annehmen oder dies nicht tun. Das gehört auch dazu, wenn wir uns entschließen, unseren eigenen Weg zu gehen: mögliche negative Konsequenzen in Kauf zu nehmen und auch Menschen hinter uns zu lassen, die unsere Entwicklung behindern.

Alte Gewohnheiten und Denkmuster zu durchbrechen erfordert Durchhaltevermögen, und Wachstum ist nicht linear. Es wird immer wieder Phasen der Stagnation geben, oder wir fühlen uns, als würden wir rückwärts laufen. Verabschiede dich von deinem Anspruch, dass die Veränderung sofort und ohne Hindernisse geschieht. Selbst wenn du dein Ziel erreichst, kannst du immer wieder in alte Muster zurückfallen, denn diese sind sehr hartnäckig. Wenn du also von dir selbst erwartest, nie wieder in alte Verhaltensmuster zurückzufallen, landest du vermutlich in einer Negativspirale, die deinen Veränderungsprozess zusätzlich erschwert.

- Persönlichkeitsentwicklung ist Arbeit.
- Akzeptiere Phasen der Stagnation und Rückschritte.
- Veränderung erfolgt nicht von heute auf morgen.
- Erkenne kleine Fortschritte und Erfolge an.
- Bleib am Ball: üben, üben, üben.
- Hol dir Unterstützung, wenn du allein nicht weiterkommst.

Selbstfürsorge – Mach dich zur Priorität Nummer 1 in deiner Beziehung

Selbstfürsorge ist aus meiner Sicht der Schlüssel zu erfüllten Beziehungen. Sie bedeutet, sich selbst zu achten und wertzuschätzen. Sie bedeutet, sich selbst trotz aller vermeintlichen Unzulänglichkeiten, Limitierungen und schmerzhaften Erinnerungen liebevoll an die Hand zu nehmen und in die Selbstakzeptanz zu gehen. Das ist eine riesige Herausforderung. Wir suchen unser Glück oft im Außen, aber niemand kann uns geben, was wir uns nicht selbst geben können: den Wunsch erfüllen, bedingungslos geliebt und akzeptiert zu werden; die Hoffnung, dass unsere Grenzen respektiert und unsere Bedürfnisse erfüllt werden, dass unsere Gefühle geachtet und ernst genommen werden. All das kann im Außen nicht befriedigt werden, denn die Hauptverantwortung für unser Wohlbefinden tragen wir selbst.

Wenn du die Verantwortung für dein Glück und Wohlbefinden selbst in die Hand nimmst, bist du nicht länger von anderen abhängig, um dich erfüllt zu fühlen. Das bedeutet nicht, dass zwischenmenschliche Beziehungen unwichtig sind oder dass andere Menschen dich dabei nicht unterstützen können. Es ist vielmehr eine Einladung, dich selbst zu priorisieren. Indem du dich selbst wertschätzt, auf dich achtest und für dich einstehst, gibst du dir die Möglichkeit, deine eigenen Bedürfnisse zu erkennen und sie auf eine liebevolle und respektvolle Weise zu kommunizieren.

Wenn wir uns selbst vernachlässigen, kann sich das fatal auf all unsere Lebensbereiche auswirken. Die Mitgliedschaft im Fitnessstudio zeigt sich nur noch regelmäßig auf dem Kontoauszug. Pausen und Auszeiten sind mit einem schlechten Gewissen verbunden. Anstatt klar zu kommunizieren, was wir brauchen, erwarten wir, dass andere es erraten. In solchen Zeiten wird der emotionale Hunger gern mit Chips und Schokolade gestillt. Ärger wird runtergeschluckt, weil einfach die Energie fehlt, um Konflikte auszutragen.

Solche Verhaltensweisen können uns sehr schnell in einen Negativstrudel ziehen, der sich auf verschiedene Lebensbereiche auswirkt: Gesundheit, persönliche Freizeit, Beziehungen, Sexualität und auch das Berufsleben. Es beginnt als schleichender Prozess, bei dem wir oft erst zu spät merken, wie sehr wir uns selbst vernachlässigt haben. Plötzlich ist der Akku leer. Selbst die Dinge, die wird sonst gern machen, erscheinen plötzlich als riesige Herausforderungen. Das Schlimmste ist: Wir begeben uns unbewusst in eine absolute Abhängigkeit von anderen, indem wir uns die Bestätigung und Anerkennung von ihnen wünschen, die wir uns selbst nicht mehr geben können. In der Folge fühlen wir uns handlungsunfähig, als ob wir die Kontrolle über unser Leben zu verlieren scheinen. Es ist, als ob wir einen Stecker gezogen hätten und nun darauf warten, dass jemand anders ihn wieder einsteckt.

In Momenten, in denen es uns nicht gut geht, ist es natürlich sehr schwierig, Abstand zu gewinnen und klarer zu sehen. Es ist völlig normal und legitim, dass wir uns manchmal in solchen Tiefphasen wiederfinden. Dennoch sollten wir uns auch bewusst machen, wie wir aus so einer Situation wieder herauskommen können, und zwar ohne ausschließlich auf Menschen in unserem Umfeld zu setzen. In Respekt und aller Deutlichkeit gesprochen: Es liegt nicht in der Verantwortung anderer, uns da rauszuholen und uns glücklich zu machen.

Natürlich können andere Menschen, ob Partner:innen oder Freund:innen, wertvolle Unterstützungen sein, indem sie uns emotionalen Beistand leisten oder bei verschiedenen Aufgaben helfen. Doch letztendlich liegt es an uns, diese Unterstützung auch einzufordern und nicht zu erwarten, dass andere Menschen unsere Gedanken lesen. Wenn solche Phasen länger anhalten und unser Leidensdruck überwältigend wird, kann es auch an der Zeit für professionelle Hilfe sein. Auch das kann Selbstfürsorge bedeuten.

Wir alle tragen unser Päckchen und sind darin geübt, nach außen hin stark zu wirken. Wenn wir etwas verändern möchten, funktioniert das nur, wenn wir anfangen, Verantwortung zu übernehmen, und das kann auch heißen, sich verletzlich zu zeigen und Unterstützung einzufordern. Wenn wir das nicht tun und stattdessen erwarten, dass unsere Partner:innen uns aus unserem Tief retten, ohne dass wir kommunizieren, was wir brauchen, kann der negative

Strudel auch auf der Beziehungsebene Schaden anrichten: Du ärgerst dich über deine Beziehungsperson, weil sie nicht erkennt, dass du müde bist und Unterstützung benötigst. Doch anstatt es auszusprechen, funktionierst du weiter und leidest im Stillen. Du sendest zwar Signale aus, aber sie kommen nicht so an, wie du es dir wünschst. Insgeheim sehnst du dich vielleicht danach, in den Arm genommen zu werden oder auf andere Weise Wertschätzung für das zu erfahren, was du alles leistest. Vielleicht wünschst du dir, gefragt zu werden, ob du Unterstützung brauchst.

Ein persönliches Beispiel: Als unser Kind noch sehr klein war, schlief ich kaum eine Nacht durch, weil es oft ausdrücklich nach mir verlangte. Meine berufliche Selbstständigkeit lief jedoch weiter, ich spürte eine Menge Druck und hatte gleichzeitig das Gefühl, keine Wertschätzung zu erfahren. Obwohl ich mich für echt emanzipiert halte, bin ich, seit ich Mama bin, mit alten Rollenbildern konfrontiert, was auch Konfliktpotenzial birgt. Meine Batterien waren damals allein durchs Mama-Sein schon ordentlich angezapft. Wenn dann mein Mann von mir noch Zärtlichkeiten einforderte, ich mich aber unterschwellig über ihn ärgerte und mich benachteiligt fühlte, sträubte ich mich innerlich dagegen, mich auch noch um seine Bedürfnisse zu kümmern. Ich war zu müde, fühlte mich nicht gesehen und benachteiligt. Ich war hin- und hergerissen – sollte ich nicht dankbar und erfüllt sein in meiner Rolle als Mama? Gesagt habe ich lange nichts, weil ich auch gar nicht wirklich benennen konnte, was eigentlich das Problem war.

Hier werden die unterschiedlichen Ebenen deutlich, die betroffen sind, wenn wir unsere eigenen Bedürfnisse vernachlässigen und Missstände unter den Teppich kehren. Ich verstand erst Monate nachdem wir Eltern geworden waren, dass uns dieses neue Familienleben in unserer Gleichberechtigung um Jahre zurückwarf. Die Erwerbsarbeit meines Mannes war vermeintlich mehr wert als das, was ich zu Hause leistete, obwohl ich zusätzlich auch noch meiner Selbstständigkeit nachging. Ich brauchte Zeit für mich, und gleichzeitig fühlte ich mich schuldig, weil mein Mann *so viel* arbeitete und ich ja die meiste Zeit des Tages »nur« zu Hause war. Ihm dann noch *zuzumuten*, sich in seiner wertvollen Freizeit ums Kind zu kümmern, damit ich mal etwas Zeit für mich habe ... Tja, so fallen uns patriarchale und misogyne Strukturen im Alltag auf die Füße und sorgen für Frust. Das tun sie bis heute, wenn auch in abgeschwächter Form. Für meinen Mann und mich ist das ein großes Lernfeld. Wir haben dazugelernt und viele Dinge in unserem Alltag verändert, damit wir unsere Partner:innenschaft auch in Sachen Care-Arbeit gleichberechtigter leben können und jede:r von uns genug Zeit für sich hat. Ich gebe Verantwortung ab und weiß, dass mein Mann ebenso verantwortlich für unser Kind ist wie ich. Das klingt so subtil und so selbstverständlich, ist es aber nicht!

Auch wenn es verdammt schwer sein kann – am Ende kommen wir immer wieder zu dem Schluss, dass es essenziell wichtig ist, die eigenen Bedürfnisse zur Priorität zu machen. Am Ende des Tages dankt uns niemand, wenn wir uns bis zur völligen Selbstaufgabe für andere aufopfern. Das macht uns nicht zu besseren Menschen, sondern ist einfach nur kräftezehrend. Auch wenn es sich zunächst gut anfühlen mag, sich immer um andere zu kümmern und sich selbst nicht so wichtig zu nehmen, schaden wir uns damit selbst und letztlich auch unseren Lieben.

Sei liebevoll im Umgang mit dir selbst!

Eigene Werte und Bedürfnisse erkunden

Von Werten und Bedürfnissen haben vermutlich die meisten schon mal etwas gehört. Ehrlichkeit und Treue sind beispielsweise Werte, die für die meisten Menschen in Beziehungen wichtig sind. Warum wir uns im Folgenden einmal intensiver mit Werten und Bedürfnissen auseinandersetzen wollen, hat einen wichtigen Grund. Wir wollen aus leeren Worthülsen bedeutungsvolle Richtungsweiser für uns machen. Denn ob und wie sehr wir auch innerhalb unserer Beziehungen nach unseren Werten leben und unsere Bedürfnisse erfüllen können, entscheidet darüber, wie glücklich und erfüllt wir uns fühlen.

Werte und Bedürfnisse lassen sich nicht trennscharf voneinander unterscheiden, aber sie sind nicht das Gleiche. Warum die Unterscheidung wichtig ist, wird deutlich, wenn innerhalb von Beziehungen unterschiedliche Werte und Bedürfnisse von Partner:innen aufeinandertreffen und daraus Konflikte resultieren. Wir beschäftigen uns damit intensiv im Kapitel »Nie wieder Pseudoharmonie – Konflikte richtig meistern«.

Im Folgenden möchte ich die Definition von Werten und Bedürfnissen vorstellen, mit der ich am meisten anfangen kann. Für mich sind Werte mein innerer, moralischer und ethischer Kompass, die Dinge, die mir wichtig sind und für die ich stehen will. Werte wirken aber auch wie ein Filter, durch den wir alles um uns herum wahrnehmen und interpretieren. Bedürfnisse sind das, was wir brauchen, um zu überleben und uns wohlzufühlen und zu verwirklichen.

Die Grundlagen für unser Wertesystem werden schon früh gelegt: Kleinkinder nehmen intuitiv die Werte ihrer Bindungspersonen auf und ahmen deren Verhalten nach. Sie gucken sich ab, was in ihren Familien, ihrem sozialen Umfeld oder ihrer Kultur als richtig oder falsch, wichtig oder unwichtig erachtet wird. Die ersten Werte, die sich formen, sind oft einfach und grundlegend, wie zum Beispiel Fürsorge oder Ehrlichkeit. Mit der Zeit entwickeln wir dann komplexere Wertesysteme. Durch unsere Erfahrungen in der Welt und vor allem durch zwischenmenschliche Begegnungen werden wir nach und nach mit unterschiedlichen Wertesystemen konfrontiert und fangen (hoffentlich) an, unsere Werte zu hinterfragen. Wir finden heraus, was uns wirklich wichtig ist und nach welchen Prinzipien wir leben möchten. Wenn wir im Einklang mit unseren Werten leben, fühlen wir uns authentischer, erfüllter und zufriedener.

Unsere Werte sind nicht in Stein gemeißelt. Genau wie wir uns verändern können, können sich auch unsere Werte verändern. Wenn wir unsere Werte kennen, können wir unser Verhalten darauf ausrichten, unserem Leben Sinn und Bedeutung geben und natürlich auch die Beziehung führen, die wir wollen. Anhand der folgenden Vorgehensweise kannst du deine Werte erkunden.

Schritt 1: Werte sammeln

Was ist dir in deiner Beziehung wirklich wichtig? Welche Prinzipien und Überzeugungen leiten dich? Finde es heraus! Mache ein Brainstorming und schreibe 12 Begriffe auf, die dich ausmachen. Alternativ dazu kannst du auf der Liste (Seitenzahl einfügen) die entsprechenden Werte markieren. Die folgenden Impuls-Fragen helfen dir dabei:

Wofür kann ich mich begeistern?
Wofür bin ich dankbar?
Worauf bin ich stolz?
Wann war ich das letzte Mal richtig zufrieden und glücklich?
Was würde ich tun, wenn es kein Risiko gäbe?
Welche Verhaltensweisen oder Situationen machen mich richtig wütend?
Welche Eigenschaften schätze ich an mir oder meinem Beziehungsmenschen besonders?
Wofür möchte ich stehen?

Woran soll sich mein:e Partner:in erinnern, wenn ich nicht mehr da bin?
Wann fühle ich mich authentisch und erfüllt?
Welche Werte habe ich von meinem sozialen Umfeld oder meiner Kultur übernommen?
Was ist die Ursache, wenn ich mich unwohl fühle?

Schritt 2: Werteanalyse und Priorisierung

Schau dir deine Antworten aus Schritt 1 an und identifiziere wiederkehrende Themen und Muster. Streiche alle Doppelnennungen und fasse Werte zusammen, die für dich die gleiche Bedeutung haben, zum Beispiel Freiheit und Unabhängigkeit. Die folgenden Fragen können dir helfen deine Werte anschließend zu analysieren:

Welcher Wert spiegelt sich darin?
Was bedeutet dieser Wert für mich persönlich?
Warum ist dieser Wert wichtig für mich?
In welchen Situationen lebe ich bereits nach diesem Wert?
Was wäre anders, wenn ich in meiner Beziehung mehr nach diesem Wert leben würde?
Welche Umstände bringen mich dazu, anders zu handeln, als ich es eigentlich möchte?
Welche Konsequenzen hat es für mich und für andere, wenn ich von diesem Wert abweiche?

Lege nun eine Reihenfolge für die übrig gebliebenen Werte fest. Welche **drei Werte** sind dir am wichtigsten?

Wenn es dir schwerfällt, dich zwischen zwei Werten zu entscheiden, stell dir vor, du hättest jetzt gerade die Möglichkeit entweder Wert A oder Wert B zu verfolgen. Für welchen würdest du dich entscheiden? Was ist dir jetzt wichtiger?

Schritt 3: Werteorientiert handeln

Du hast nun deine wichtigsten drei Werte ermittelt. Aber kannst du jetzt wirklich schon konkret etwas mit ihnen anfangen, oder sind sie eher noch abstrakte Begriffe?

Überlege dir konkrete Handlungen oder Verhaltensweisen, die mit deinen Werten im Einklang stehen.

> *Was kann ich tun, um meine Werte in meiner Beziehung zu leben? Was könnte ich konkret verändern?*

Schreibe diese Handlungen neben den entsprechenden Werten auf.

Schritt 4: Mach eine Routine draus

Nimm dir regelmäßig Zeit, um deine Werte zu reflektieren und zu überprüfen, ob du in Übereinstimmung mit ihnen lebst. Frage dich:

Inwiefern habe ich meine Werte in den letzten Wochen umgesetzt?
In welchen Lebensbereichen möchte ich meine Werte noch stärker integrieren?
Was kann ich konkret tun, um meine Werte konsequenter zu leben?

Beispiele für Werte

Abenteuer Achtsamkeit Aktivität Akzeptanz Anerkennung Aufgeschlossenheit Aufmerksamkeit Ausdauer Ausgeglichenheit Authentizität Balance Beharrlichkeit Beliebtheit Bescheidenheit Besonnenheit Bewusstheit Dankbarkeit Demut Disziplin Effizienz Ehre Ehrgeiz Ehrlichkeit Eigenständigkeit Einfluss Einfühlungsvermögen Einzigartigkeit Ekstase Empathie Energie Enthusiasmus Entschlossenheit Entspannung Entwicklung Erfahrung Erfolg Erholung Fairness Familie Flexibilität Freiheit Freude Fröhlichkeit Geduld Gelassenheit Gemeinsamkeiten Genuss Gerechtigkeit Geselligkeit Gesundheit Gewissheit Glaube Grosszügigkeit Harmonie Herausforderung Herzlichkeit Hilfsbereitschaft Höflichkeit Humor Inspiration Integrität Intelligenz Intensität Intuition Klarheit Kommunikation Kompromissfindung Kontinuität Kontrolle Kreativität Kritikfähigkeit Lebendigkeit Lebensfreude Lebenskraft Leichtigkeit Leidenschaft Liebe Loyalität Macht Mitgefühl Motivation Mut Nachhaltigkeit Nächstenliebe Neugierde Offenheit Optimismus Ordnung Perfektion Professionalität Pünktlichkeit Rationalismus Realität Reichtum Reli-

giosität Respekt Rücksicht Ruhe Schönheit Selbstbestimmung Selbstvertrauen Sicherheit Sinnlichkeit Solidarität Spannung Spass Spiritualität Spontanität Stabilität Stärke Teamwork Tiefe Toleranz Tradition Transzendenz Treue Unabhängigkeit Unterstützung Vergnügen Verlässlichkeit Vermögen Vernunft Vertrauen Vielfalt Wachstum Wahrheit Wertschätzung Weiterentwicklung Wissen Wohlstand Wohlwollen Zielstrebikeit Zugehörigkeit Zufriedenheit Zuverlässigkeit

Wie wir uns fühlen, gibt Aufschluss darüber, ob unsere Bedürfnisse erfüllt sind oder nicht. Wenn wir uns in der Gegenwart unseres Beziehungsmenschen oder generell in unserer Beziehung beispielsweise ausgeglichen, frei, fröhlich, glücklich, lebendig, ruhig, sicher, sorgenfrei oder zufrieden fühlen, ist das ein sehr gutes Zeichen. Angenehme Gefühle deuten nämlich darauf hin, dass unsere Bedürfnisse erfüllt sind. Umgekehrt weisen unangenehme Gefühle darauf hin, dass bestimmte Bedürfnisse nicht erfüllt sind. Wer zunehmende Unzufriedenheit in der Beziehung spürt, sich unsicher oder eifersüchtig fühlt oder vielleicht fremdgeht, könnte – um etwas an dieser Situation zu verändern – herausfinden, welche unerfüllten Bedürfnisse hinter den negativen Gefühlen und Emotionen stecken.

Bedürfnisse sind kurz gesagt das, was wir brauchen. Wir müssen also eigentlich nur herausfinden, was das ist. Doch das ist gar nicht so einfach und entspricht häufig nicht dem, was wir glauben. Wer beispielsweise denkt, dass es ihm oder ihr vor allem dann gut geht, wenn es anderen gut geht, hat vor allem die Bedürfnisse anderer im Blick anstatt die eigenen. Genau darauf sind viele von uns konditioniert: nett und anspruchslos sein und die Bedürfnisse anderer über die eigenen stellen. Alles andere gilt als selbstsüchtig und egoistisch. Ein Hallo geht raus an alle People Pleaser! Ihr seid nicht allein. Klar – wenn wir befürchten müssen, dass andere uns ablehnen könnten, wenn wir unsere Bedürfnisse äußern, lassen wir es lieber bleiben und stellen uns hinten an. Es gibt also verschiedene Gründe dafür, dass wir entweder gar keinen Zugang zu unseren Bedürfnissen haben und gar nicht wissen, was wir brauchen oder wir uns schwer damit tun, diese offen zu kommunizieren.

Unsere Bedürfnisse zu kommunizieren und daraus Wünsche (nicht Forderungen!) abzuleiten ist jedoch eine zentrale Fähigkeit, um glückliche und erfüllte Beziehungen zu führen. Wenn wir das nicht tun und stattdessen ständig unsere Bedürfnisse zurückstellen, zahlen wir dafür einen hohen Preis: Wir fühlen uns frustriert oder unzufrieden. Und wir wollen keine Beziehungen führen, in denen wir uns frustriert oder unzufrieden, richtig? Richtig.

Es gibt viele unterschiedliche Bedürfnisse, angefangen bei Nahrung und Schlaf bis hin zu Anerkennung, Bindung, Freiheit, Nähe ... Am Ende des Kapitels findest du eine Liste mit Beispielen.

Bedürfnisse sind angeboren und universell, das heißt, jeder Mensch hat Bedürfnisse, unabhängig von Geschlecht,

Alter oder Herkunft. Aber: Wir unterscheiden uns voneinander darin, wie wir unsere Bedürfnisse erfüllen. Du kannst davon ausgehen, dass dein Beziehungsmensch ebenso wie du ein Bedürfnis nach Bindung, Nähe und Intimität hat. Wie ihr dieses Bedürfnis erfüllt, kann jedoch sehr unterschiedlich sein. Am Beispiel von Beziehungen zeigt sich das sehr anschaulich: Einige Menschen erfüllen ihre Bedürfnisse durch eine monogame Beziehung, andere erfüllen die gleichen Bedürfnisse durch polyamore oder offene Beziehungen. Genauso verhält es sich auch mit allen anderen Bedürfnissen.

Wir entwickeln mit der Zeit unsere Lieblingsstrategien, mit denen wir ganz gut fahren. Manchmal sind das tatsächlich sehr gute und gesunde Strategien, manchmal aber auch nicht, z. B. ständiges People Pleasing. Dahinter steckt vielleicht ein starkes Bedürfnis nach Bindung oder Harmonie. Im ersten Moment mag es sich gut anfühlen, es anderen recht zu machen und zu allem Ja und Amen zu sagen, aber auf lange Sicht gesehen, schadet man sich damit selbst, und man spürt das tatsächlich auch ... wie oft hast du z. B. schon »Ja« oder »Ist mir egal« gesagt, obwohl du nein sagen wolltest oder eine klare Meinung hattest? Das sind schon so kleine Momente ...

Wenn du künftig in Situationen gerätst, die unangenehme Gefühle bei dir auslösen, darfst du diese Gefühle erst mal »übersetzen«: Was brauche ich gerade? Welches Bedürfnis ist gerade nicht erfüllt oder bedroht? Im nächsten Schritt gehts dann darum, dein Handlungsspektrum zu erweitern und herauszufinden, welche Möglichkeiten und Wege es noch gibt, dein Bedürfnis zu befriedigen. In diesem Fall wären spannende Fragen:

Wie habe ich mein Bedürfnis in der Vergangenheit erfüllt? Was hat gut funktioniert und was nicht?
Welche alternativen Strategien könnte ich ausprobieren, um mein Bedürfnis zu erfüllen?
Welche Ressourcen (Zeit, Energie, Unterstützung von anderen usw.) benötige ich dazu?
Was könnte mich daran hindern, dieses Bedürfnis zu erfüllen, und wie kann ich diese Hindernisse überwinden?

Bedürfnisse müssen im Übrigen nicht immer unmittelbar erfüllt werden. Oft reicht es schon, wenn sie ernst genommen und gewürdigt werden. Erwachsene Menschen sind durchaus in der Lage, die Erfüllung ihrer Bedürfnisse zurückzustellen. Grundsätzlich sollten wir jedoch im Einklang mit unseren Bedürfnissen leben, weil uns das glücklich macht. Viele unserer Bedürfnisse können wir selbst befriedigen, für andere benötigen wir unsere Partner:innen oder andere Menschen. Das ist absolut in Ordnung und hat nichts damit zu tun, Verantwortung abzugeben! Vielmehr hat es damit zu tun, dass wir soziale Wesen sind und Beziehungen zu anderen Menschen ein fundamentaler Aspekt unseres Lebens sind.

Akzeptanz Achtung Aktivität Anerkennung Ansehen Anschluss Aufrichtigkeit Aufgeschlossenheit Autonomie Balance Begeisterung Bedeutung Begegnung Beziehung Bestätigung Beständigkeit Bescheidenheit Berührung Bewegung Bildung Cleverness Dankbarkeit Delegationsbereitschaft Demut Disziplin Distanz Durchsetzungsvermögen Echtheit Ehrlichkeit Einfühlungsvermögen Einfluss Engagement Entscheidungsfreude Erfüllung Erfolg Erholung Flexibilität Freiheit Freundlichkeit Freundschaft Fülle Geborgenheit Geduld Gemeinschaft Gerechtigkeit Geselligkeit Gesundheit Glaubwürdigkeit Glück Gutmütigkeit Harmonie Heilung Heiterkeit Hilfsbereitschaft Höflichkeit Humor Initiative Inspiration Integrität Intimität Kommunikation Kontakt Klarheit Kompetenz Konsequenz Lebensfreude Leichtigkeit Liebe Loyalität Macht Mitgefühl Mut Nähe Nahrung Objektivität Obdach Offenheit Optimismus Ordnung Pünktlichkeit Privatsphäre Reichtum Respekt Ruhe Sauberkeit Selbstwirksamkeit Schönheit Schutz Sicherheit Sinn Spiel Spiritualität Stimulation Struktur Sympathie Tapferkeit Toleranz Treue Unabhängigkeit Unterstützung Unverbindlichkeit Verbindung Verlässlichkeit Vermittlung Verständnis Vertrauen Vertrauenswürdigkeit Vorbild Vorsicht Wachheit Weisheit Wissen Zärtlichkeit Zuneigung Zielstrebigkeit Zuversicht Zusammenarbeit Zufriedenheit Zugehörigkeit

Und so kannst du Schritt für Schritt deinen Bedürfnissen auf die Spur kommen:

Schritt 1: Die Situation neutral beobachten

Beschreibe die Situation oder das Verhalten deines Gegenübers, das bei dir negative Gefühle auslöst, basierend auf dem, was du beobachten kannst (sehen, hören, spüren). Keine persönliche Bewertung, keine Interpretation! Wir können anderen Menschen nur *vor* den Kopf gucken. Wir wissen nicht, was sie denken oder vorhaben. Wenn wir Situationen bewerten oder unserem Gegenüber voreilig Gedanken oder Absichten zuschreiben, verzerren wir die Situation und sind nicht in der Lage, angemessen zu reagieren.

Schritt 2: Das echte Gefühl benennen

Oft sprechen wir vermeintlich über unsere Gefühle, bringen damit aber eigentlich nur unsere Gedanken, Wahrnehmungen und Interpretationen zum Ausdruck. Wir reden sozusagen an unseren echten Gefühlen vorbei und benennen stattdessen unser »Interpretations- oder Scheingefühl«.

Beispiel: Wenn sich eine Person nicht ernst genommen fühlt, *denkt* sie, sie wird nicht ernst genommen. »Ich fühle mich nicht ernst genommen« – das ist kein Gefühl, sondern wahrscheinlich eine Interpretation.

»Interpretations- oder Scheingefühle« erkennen wir daran, dass es für sie eine:n »Schuldige:n« gibt. Auch Sätze, die mit »Ich habe das Gefühl, dass ...«, »Ich fühle mich wie …«, »Ich hab das Gefühl, mein:e Partner:in …« beginnen, benennen keine Gefühle.[7] Das echte Gefühl ist in diesem Beispiel die Antwort auf die Frage: »Wie fühle ich mich, wenn ich denke, dass ich nicht ernst genommen werde?« In den Antworten »Ich fühle mich wütend« oder »Ich bin frustriert« könnten die eigentlichen Gefühle stecken.

Schritt 3: Das Bedürfnis hinter dem Gefühl erkennen

Jetzt geht es darum, das Gefühl quasi zu übersetzen und herauszufinden, was für Bedürfnisse hinter diesen Gefühlen oder einem bestimmten Verhalten stecken. Wir bleiben bei dem Beispiel von oben. Wir sagen: »Ich fühle mich nicht ernst genommen«. Wir finden in Schritt 2 heraus, dass das echte Gefühl eigentlich Frust oder Wut ist, und schauen dann, welche Bedürfnisse nicht erfüllt sind. Das könnte in diesem Fall Anerkennung sein.

Nehmen wir an, wir sagen: »Du lässt mich immer allein mit den Haushaltsaufgaben.« Das Gegenteil davon wäre, dass wir uns Unterstützung wünschen. Indem wir das Gegenteil identifizieren, können wir erkennen, welche Bedürfnisse unerfüllt sind.

Wir können uns auch fragen, welches Verhalten wir uns stattdessen wünschen. Wenn wir sagen: »Du hörst mir nie richtig zu«, dann wünschen wir uns vielleicht, dass unser:e Partner:in aufmerksamer zuhört und unsere Gefühle validiert, um unser Bedürfnis nach Verbindung und Nähe zu erfüllen.[8] Hierbei ist es wichtig, dass wir Bedürfnisse von Strategien unterscheiden. Jeder Mensch hat Bedürfnisse, aber eigene Strategien, um diese zu erfüllen.

Nie wieder Pseudoharmonie – miteinander reden und Konflikte lösen

Über die Art und Weise, wie wir miteinander kommunizieren, denken wir in der Regel nicht allzu viel nach. Es gibt Menschen, mit denen klappt die Kommunikation reibungslos, mit anderen hingegen nicht. Nicht selten sind es gerade die Menschen, die uns am nächsten stehen, die uns mit einem falschen Wort, einer hochgezogenen Augenbraue oder einem Seufzer so richtig ärgern können. Und andersherum genauso. Der Großteil unserer Kommunikation läuft unbewusst und automatisiert ab. Das hat neben vielen Vorteilen auch eine herausfordernde Kehrseite.

Communication is key. Wenn wir verstehen, wie Kommunikation auf Beziehungsebene aller Beteiligten funktioniert, können wir den Autopiloten verlassen und klarer und konfliktärmer kommunizieren. Wir verstehen nicht nur uns selbst besser, also unsere Gedanken, Emotionen und Verhaltensmuster, sondern können auch besser verstehen, wie wir auf andere wirken und warum Konflikte entstehen. Wenn wir unsere Kommunikationsfähigkeiten stärken, können wir auch mehr Verständnis für unser Gegenüber entwickeln. Es wird uns gelingen, die Perspektive der anderen Person besser zu verstehen, und wir können die Reaktionen unseres Gegenübers positiv beeinflussen, ohne dabei manipulativ zu sein.

Gewaltfreie Kommunikation

Die gewaltfreie Kommunikation (GFK), entwickelt von Marshall B. Rosenberg, ist vielen bestimmt schon ein Begriff: Es handelt sich um ein Kommunikationsmodell, das uns dabei unterstützt, bewusster zu kommunizieren und unsere Kommunikation gewaltfreier zu gestalten. GFK legt den Fokus auf die Bedürfnisse und Gefühle hinter unseren Äußerungen und Verhaltensweisen und hilft uns, empathischer und einfühlsamer zu sein. Im Zentrum steht ein bewusster Umgang mit den eigenen Bedürfnissen und den Bedürfnissen des Gegenübers. GFK vermittelt also extrem wertvolles Wissen, und jede:r sollte diese wichtigen Kommunikations-Skills draufhaben. Ganz konkret bedeutet gewaltfreie Kommunikation, dass wir uns auf die folgenden Aspekte konzentrieren:

1. *Beobachtung: Wir beschreiben klar und objektiv eine konkrete Situation oder ein Verhalten, ohne es zu bewerten oder zu interpretieren.*
2. *Gefühl: Wir nehmen unsere eigene emotionale Reaktion auf die beobachtete Situation wahr und kommunizieren diese.*
3. *Bedürfnis: Wir identifizieren die zugrunde*

liegenden Bedürfnisse oder Werte, die hinter den Gefühlen stecken.

4. *Bitte: Wir formulieren eine klare und positive Bitte an uns selbst oder unser Gegenüber, um das Bedürfnis zu erfüllen oder eine gemeinsame Lösung zu finden.*

Mal angenommen, jemand setzt sich intensiv mit der gewaltfreien Kommunikation auseinander. Die Person versteht, dass das, was wir sagen und wie wir uns verhalten, oft von unbewussten Bedürfnissen und Gefühlen gesteuert wird. Die Person versteht auch, wie wichtig es ist, die eigenen Bedürfnisse bewusst wahrzunehmen und klar auszudrücken, um Missverständnisse zu vermeiden und durch Kommunikation mit der geliebten Person in Verbindung zu treten. Klingt in der Theorie super, und die Person ist fest entschlossen, in Zukunft gewaltfrei zu kommunizieren. Und dann passiert es wieder ... in einer alltäglichen Situation bricht es aus ihr heraus: »Du bist so egoistisch! Du denkst immer nur an dich, und was ich will, ist dir egal. Du hast überhaupt keine Ahnung, was es heißt, Rücksicht zu nehmen!« Ehe die Person realisiert, dass sie gerade alles falsch gemacht hat, was man in der gewaltfreien Kommunikation falsch machen kann, ist es schon zu spät, und es knallt. Vorwürfe führen in der Regel zu Verteidigungsreaktionen oder auch verbalen Gegenangriffen. In diesem Beispiel wird keine klare Beobachtung einer Situation oder eines Verhaltens geschildert, und es fehlt an einem konstruktiven Lösungsvorschlag. Stattdessen wird im übertragenden Sinne mit dem Finger auf die andere Person gezeigt – ganz nach dem Motto: »Du bist schuld, dass es mir schlecht geht. Ändere dein Verhalten. Was du tust, ist nicht richtig.«

Nach der GFK wäre es besser gewesen, so zu reagieren: »Als du dich gestern mit xy verabredet hast, habe ich mich traurig und vernachlässigt gefühlt. Mir ist es wichtig, Zeit mit dir zu verbringen. Könnten wir uns bitte diese Woche Zeit füreinander nehmen?« Anstatt die andere Person mit Vorwürfen zu konfrontieren, beschreibt die Person eine konkrete Situation, drückt die eigenen Gefühle ehrlich aus und kommuniziert klar das Bedürfnis nach gemeinsamer Zeit. Die Bitte ist konkret und positiv formuliert.

Wir erinnern uns. Kommunikation läuft zum Großteil unbewusst und automatisiert ab und ist unglaublich komplex. Sie wird nicht nur durch unsere bewussten Absichten, sondern auch durch unbewusste Muster und Prägungen beeinflusst. Mit GFK vertraut zu sein ist ein wichtiger Baustein guter Kommunikation, aber aus meiner Sicht noch nicht ausreichend, um tief verwurzelte unbewusste Überzeugungen, Glaubenssätze oder Verhaltensmuster nachhaltig zu verändern. Natürlich kann es uns passieren, dass wir trotz bester Absicht in stressigen oder emotional herausfordernden Situationen in alte Muster zurückfallen und es nicht schaffen, gewaltfrei zu kommunizieren. Um unbewusste Prozesse und Dynamiken in der Kommunikation zu verstehen, bietet ein weiteres Kommunikationsmodell ein theoretisches Rahmenwerk. Es hilft uns zu erkennen, wann wir möglicherweise in destruktive Kommunikationsmuster verfallen. Beide Ansätze ergänzen sich super, da sie uns sowohl praktisches Handwerkszeug als auch Wissen über die zugrunde liegenden psychologischen Prozesse bieten.

Kommunikation und Verhalten verstehen

Der Psychiater Eric Berne hat in den 50er-Jahren die Kommunikation und das Verhalten von Menschen erforscht. Im Zuge dessen hat er die sogenannte Transaktionsanalyse entwickelt.[9] Es handelt sich dabei um ein sehr anschauliches Modell, das erklärt, wie Kommunikation auf der Beziehungsebene funktioniert und warum sie manchmal reibungslos verläuft und manchmal nicht.

Berne hat herausgefunden, dass unser Verhalten, Denken und Fühlen von drei Persönlichkeitsanteilen beeinflusst wird, die in jedem von uns stecken. Und das ist auch die zentrale Idee der Transaktionsanalyse. Berne unterteilt unsere Persönlichkeit in einen kindlichen Anteil (das Kind-Ich), der sich bereits in den ersten Lebensjahren ausbildet, und zwei erwachsene Anteile (das Eltern-Ich und das Erwachsenen-Ich), die im Laufe des Lebens dazukommen. Es handelt sich dabei um Muster, die sich durch ganz bestimmtes Denken, Fühlen und Handeln voneinander unterscheiden.[10] Sie werden quasi wie auf Knopfdruck in einigen

Situationen im Gehirn aktiviert und lösen dann bestimmte Emotionen und Verhaltensweisen aus.

Das **Kind-Ich** repräsentiert die emotionalen und spontanen Aspekte unserer Persönlichkeit, die wir aus unserer Kindheit mitbringen. Es umfasst Verhaltensmuster, Gefühle und Prägungen, die sich in den ersten Lebensjahren entwickelt haben. Das Kind-Ich kann in drei unterschiedlichen Ausprägungen auftreten: das natürliche Kind-Ich, das angepasste Kind-Ich und das rebellische Kind-Ich.

Das natürliche Kind-Ich ist locker und nimmt das Leben im positiven Sinne nicht so ernst. Es ist offen, kreativ, verspielt, impulsiv und spontan. Es ist das Kind in uns, das keine Lust hat, sich von Regeln und Konventionen einschränken zu lassen. Das angepasste Kind-Ich hingegen ist eher zurückhaltend, befolgt Regeln und Normen und zeigt sich eher gehorsam. Es verhält sich rücksichtsvoll, bemüht sich um Harmonie und versucht, den Erwartungen anderer gerecht zu werden. Es hat möglicherweise gelernt, seine eigenen Bedürfnisse und Wünsche zurückzustellen, um Anerkennung oder Liebe zu erhalten und Konflikte zu vermeiden. Bei mir war dieser Anteil lange stark ausgeprägt. Das rebellische Kind-Ich hingegen wehrt sich gegen Regeln und Autoritäten. Es kann trotzig, aufsässig oder widerspenstig sein. Es möchte seine Unabhängigkeit und Individualität ausdrücken und kann sich gegen Einschränkungen oder Kontrolle auflehnen.

Sprachliche Ausdrücke, die auf das natürliche Kind-Ich hinweisen können:

- *Einfache oder verspielte Sprache*
- *Fröhliche, enthusiastische oder spontane Ausdrücke wie »Yippie!«, »Oh nein!«, »Juhu!«*
- *Fragen, die Neugier ausdrücken wie »Warum ist das so?«, »Was ist das?«*

Sprachliche Ausdrücke, die auf das angepasste Kind-Ich hinweisen können:

- *Höfliche Formulierungen »Darf ich ...?«*
- *Entschuldigende Äußerungen, wie »Tut mir leid, aber ...«, »Ich hoffe, das ist in Ordnung ...«*
- *Aussagen, die Unbehagen oder Unsicherheit ausdrücken, wie »Ich weiß nicht«, »Vielleicht«, »Ich kann das nicht«*
- *Verwendung von Formulierungen, wie »Ich sollte vielleicht ...«, »Ich würde ja gerne, aber ...«*

Sprachliche Ausdrücke, die auf das rebellische Kind-Ich hinweisen können:

- *Konfrontative Aussagen, wie »Das ist so ungerecht!«, »Du kannst mich mal!«*
- *Betonen von eigenen Bedürfnissen und Wünschen, ohne Rücksicht auf Konventionen oder soziale Normen*
- *Sarkasmus oder spöttische Kommentare*

Körpersprache, die auf das natürliche Kind-Ich hinweisen kann:

- *Lebhafte Gestik und Mimik, die spontane Emotionen ausdrückt*
- *Verspielte oder kindliche Haltung, wie Hüpfen, Tanzen oder Herumalbern*
- *Körperliche Nähe oder das Bedürfnis nach Körperkontakt, wie Umarmungen oder Händchenhalten*
- *Schnelle Veränderungen der Körperhaltung oder der Bewegungen, die Stimmungswechsel widerspiegeln können, Impulsivität*

Körpersprache, die auf das angepasste Kind-Ich hinweisen kann:

- *Zurückhaltende Körperhaltung, wie verschränkte Arme*
- *Vermeidung von direktem Augenkontakt*
- *Gesten, die Zustimmung oder Unterordnung signalisieren, wie Nicken*

Körpersprache, die auf das rebellische Kind-Ich hinweisen kann:

- *Abwehrende oder ablehnende Gesten, wie Hände auf die Hüften legen oder wild gestikulierend*
- *Stirnrunzeln, Schmollen oder andere Gesichtsausdrücke, die Widerstand zeigen*

Das **Eltern-Ich** repräsentiert die internalisierten Stimmen und Verhaltensweisen unserer Eltern oder anderer wichtiger Bezugspersonen, die uns geprägt haben. Das Eltern-Ich ist also eine Art »innere Elternstimme«, die in uns weiterlebt. Das Eltern-Ich kann in zwei unterschiedlichen Ausprägungen auftreten: das kritische Eltern-Ich und das unterstützende Eltern-Ich.

Das kritische Eltern-Ich verhält sich typischerweise traditionsbewusst, konservativ, bevormundend und kontrollierend. Es gibt Ratschläge, Ermahnungen, Kritik oder Zurechtweisungen, die wir in unserer Kindheit von unseren Eltern gehört haben. Es kann sich um bestimmte Regeln, Prinzipien oder moralische Vorstellungen handeln, die das kritische Eltern-Ich in uns verinnerlicht hat. Das kritische Eltern-Ich kann sich streng, intolerant oder auch ängstlich verhalten und versucht oft, die Kontrolle über Situationen oder andere Menschen zu behalten.

Das unterstützende Eltern-Ich hingegen zeigt Verständnis, Fürsorge und Unterstützung. Es drückt sich durch positive und unterstützende Worte und Handlungen aus. Es kann Trost, Ermutigung, Bestätigung oder Hilfe anbieten. Das unterstützende Eltern-Ich möchte andere Menschen stärken und ihnen das Gefühl geben, dass sie nicht allein sind. Es kann sich geduldig, vertrauensvoll und liebevoll verhalten, aber auch bevormundend.

Sprachliche Ausdrücke, die auf das kritische Eltern-Ich hinweisen können:

- *Direkte Aussagen und Ratschläge à la »Du solltest ...«, »Du musst ...« oder »Ich rate dir ...«*
- *Kritische Bemerkungen, wie »Das ist falsch!«, »So macht man das nicht!«,*
- *Betonen von Verantwortung und Pflichtbewusstsein, z. B. »Es ist deine Verantwortung«, »Du musst dich um ... kümmern«*
- *Warnungen oder Ermahnungen, wie »Pass auf!«, »Sei vorsichtig!« oder »Das gibt Ärger!«*
- *Moralische Beurteilungen und Verallgemeinerungen, wie »Ein anständiger Mensch würde niemals ...«*

Sprachliche Ausdrücke, die auf das unterstützende Eltern-Ich hinweisen können:

- *Bestätigende Aussagen, wie »Ich bin stolz auf dich!«*
- *Unterstützende Vorschläge, wie »Vielleicht könntest du ...«, »Wie wäre es, wenn du ...?«*
- *Ermutigende Worte, wie »Du schaffst das!«, »Ich glaub an dich!«*
- *Tröstende oder liebevolle Aussagen, wie »Es wird alles gut«, »Ich bin für dich da«*

Körpersprache, die auf das kritische Eltern-Ich hinweisen kann:

- *Verhalten, das autoritär oder überlegen wirkt, z. B. erhobener Zeigefinger,*

- *Stirnrunzeln, zusammengezogene Augenbrauen, Kopfschütteln, scharfer Blick*

Körpersprache, die auf das unterstützende Eltern-Ich hinweisen kann:

- *Verhalten, das beschützend wirkt, z. B. ruhige, offene, aufrechte Haltung*
- *Berühren oder Streicheln, um Fürsorge und Unterstützung auszudrücken*
- *Lächeln oder zustimmendes Nicken*

Das **Erwachsenen-Ich** ist der rationale und objektive Teil unserer Persönlichkeit, der sich durch erlebte Selbstwirksamkeit bildet. Das Erwachsenen-Ich basiert auf unseren eigenen Erfahrungen und Erkenntnissen. Es ist unabhängig von den Einflüssen unserer Kindheit und der Stimmen unserer Eltern oder anderen Autoritätspersonen. Das Erwachsenen-Ich ermöglicht es uns, situationsgerecht zu denken und zu handeln. Charakteristisch für das Erwachsenen-Ich sind logisches Denken, objektive Bewertung, kritisches Hinterfragen und rationale Entscheidungsfindung. Es handelt auf Grundlage von Fakten, Daten und Informationen und ist frei von emotionalen Einflüssen oder Vorurteilen. Das Erwachsenen-Ich ist in der Lage, bewusst und verantwortungsvoll zu handeln, die Bedürfnisse und Wünsche aller beteiligten Personen zu berücksichtigen und Lösungen zu finden, die fair und angemessen sind. Es hilft uns dabei, unsere Impulse und Emotionen zu kontrollieren und in angemessener Weise zu reagieren. Das Erwachsenen-Ich hilft uns, gewaltfrei zu kommunizieren, indem wir unsere Bewertungen in Beobachtungen umformulieren.

Sprachliche Ausdrücke, die auf das Erwachsenen-Ich hinweisen können:

- *Sachliche und neutrale Aussagen ohne Wertung*
- *Bedachte Meinungsäußerungen, wie »Aus meiner Sicht …«*
- *Verwendung von Ich-Botschaften, wie »Ich denke, dass …«*
- *Ausdrücken eigener Bedürfnisse und Gefühle, ohne die Verantwortung auf andere abzuwälzen*
- *Offene und ehrliche Kommunikation, bei der Zuhören und Verständnis im Vordergrund stehen*
- *Reflexion und kritisches Hinterfragen der eigenen Gedanken und Überzeugungen*
- *Fokussieren auf (gemeinsame) Lösungen anstatt auf Schuldzuweisungen oder Konflikte*

Körpersprache, die auf das Erwachsenen-Ich hinweisen kann:

- *Gelassene und offene Körperhaltung, ohne Anzeichen von Aggressivität oder Defensivität*
- *Direkter Blickkontakt und Aufmerksamkeit gegenüber der anderen Person*

- *Ausdruck von Ruhe, Geduld und Empathie durch entspannte Gesichtsmuskulatur und freundlichen Gesichtsausdruck*
- *Offenheit für verschiedene Standpunkte und Meinungen, ohne Verurteilung oder Abwertung*

Jetzt wird's spannend! Denn in einem Gespräch oder einer Begegnung mit einer anderen Person treten unsere Ich-Zustände miteinander in Interaktion. Sie tauschen Nachrichten aus. Dieser Austausch zwischen den verschiedenen Ich-Zuständen, also zwischen dem kindlichen, dem erwachsenen und dem elterlichen Teil unserer Persönlichkeit, wird in der Transaktionsanalyse Transaktion genannt. Und weil wir uns diese Transaktionen genau anschauen, also analysieren, heißt das Modell Transaktionsanalyse.[11]

Transaktionen sind die Grundbausteine unserer Kommunikation. Dabei senden wir Botschaften und erhalten Reaktionen darauf. Diese können entweder im gleichen Ich-Zustand erfolgen, also beispielsweise von einem Erwachsenen zum anderen oder aber in einem anderen Ich-Zustand, beispielsweise vom Kind-Ich zum Eltern-Ich. Neben dem, was wir sehen und hören können, tauschen wir über unsere Körpersprache, Gestik, Mimik und Tonfall auch viele nonverbale Botschaften aus, die zusätzliche Reize auslösen und die Kommunikation beeinflussen können. Hier wird deutlich, wie komplex unsere Kommunikation wirklich ist und wieso es häufig zu Missverständnissen kommt.

Es gibt Gespräche, die relativ konfliktfrei und entspannt ablaufen. Das ist immer dann der Fall, wenn sich die Ich-Zustände, die bei Sender:in und Empfänger:in gerade dominant sind, miteinander »vertragen«. Sprechen wir beispielsweise aus unserem Eltern-Ich heraus mit einer jüngeren Person, die wiederum aus ihrem Kind-Ich heraus antwortet, verläuft das Gespräch vermutlich reibungslos und wie »erwartet«. Wenn wir aber mit unseren Partner:innen aus unserem Eltern-Ich heraus sprechen und eine bevormundende oder kritische Botschaft senden, kann dies dazu führen, dass der oder die andere in das Kind-Ich wechselt und eine rebellische oder abhängige Reaktion zeigt.

In manchen Fällen kann eine Kommunikation zwischen Eltern-Ich und Kind-Ich auch in einer partnerschaftlichen Beziehung funktionieren, wenn sie auf respektvolle und unterstützende Weise stattfindet und diese Dynamik nicht in eine übermäßige Abhängigkeit oder eine generelle Ungleichheit in der Beziehung mündet.

Dazu ein Beispiel:

Angenommen, du kommst nach einem langen und superstressigen Arbeitstag nach Hause. Du fühlst dich erschöpft und überfordert und sagst: »Mir ist das alles zu viel, ich kann nicht mehr!« Diese Aussage könnte dem Kind-Ich zugeordnet werden. Dein Partner oder deine Partnerin reagiert aus dem unterstützenden Eltern-Ich heraus und nimmt dich in den Arm mit den Worten: »Ich mache uns etwas Leckeres zu essen, ruh dich erst mal aus.«

In diesem Beispiel wird dein Kind-Ich nicht kritisiert

oder bevormundet, sondern erhält Unterstützung und Trost vom unterstützenden Eltern-Ich deines Partners oder deiner Partnerin. In diesem Fall ergänzt ihr euch gegenseitig, und eure Kommunikation gelingt.

Besonders tricky wird es, wenn wir uns einen weiteren Typus der Transaktionen anschauen, der besonders oft in der Kommunikation zwischen Partner:innen auftritt und wie der Wolf im Schafspelz daherkommt. Wir sagen etwas, meinen aber was ganz anderes und der oder die Empfänger:in unserer Botschaft muss zwischen den Zeilen lesen, um zu verstehen, was wir meinen.

Ein Beispiel:
Person A (sendet Botschaft aus dem Erwachsenen-Ich): »Schön, dass du heute Abend mit deinen Freund:innen ausgehst.«

Person B (augenscheinlich Erwachsenen-Ich mit unterschwelliger Botschaft): »Schön, dass du dich darüber freust, wenn ich nicht da bin.«

Person B reagiert augenscheinlich aus dem Erwachsenen-Ich heraus, zieht dabei aber abwertend eine Augenbraue nach oben, und der Ton ist eher schnippisch. An dieser Stelle könnte das Gespräch wie folgt eskalieren und sich immer weiter hochschaukeln:

Person A: »Was soll das denn jetzt? Immer machst du mir Vorwürfe!«

Person B: »Ach so, jetzt bin ich wieder schuld?! Du denkst immer nur an dich, es ist dir doch egal, wie es mir geht.«

So schnell, wie das manchmal geht, können wir oft gar nicht gucken. In diesem Beispiel weiß jetzt vermutlich keine:r der Partner:innen mehr, worum es eigentlich geht. Beide fühlen sich missverstanden und angegriffen und schieben sich gegenseitig die Schuld in die Schuhe.

So geht's besser:
Person A hat sich glücklicherweise schon intensiv mit ihrem eigenen Kommunikationsverhalten auseinandergesetzt. Sie weiß, dass es für ihre:n Partner:in in manchen Situationen noch schwierig ist, offen und ehrlich über die eigenen Bedürfnisse zu sprechen.

Auf den unterschwelligen Vorwurf »Schön, dass du dich darüber freust, wenn ich nicht da bin«, reagiert sie ruhig und konstruktiv aus dem Erwachsenen-Ich heraus: »Es tut mir leid, wenn du das Gefühl hast, dass ich mich mehr über deine Abwesenheit freue als über unsere gemeinsame Zeit. Das ist nicht meine Absicht. Ich möchte, dass du weißt, dass ich deine Freund:innenschaften unterstütze und gleichzeitig auch unsere gemeinsame Zeit schätze. Lass uns morgen darüber reden, wie wir eine gute Balance finden.«

Mit dieser Antwort bleibt Person A im Erwachsenen-Ich. Sie geht einfühlsam auf den Vorwurf ein und kommuniziert ihre Absichten klar. Sie zeigt Verständnis für die Gefühle und Bedürfnisse von Person B und schlägt vor, gemeinsam nach Lösungen zu suchen.

In Situationen, in denen wir mit Vorwürfen konfrontiert werden und uns angegriffen oder kritisiert fühlen, reagieren wir oft automatisch und reflexartig. Unser Gehirn schaltet in den Überlebensmodus und unser Reptiliengehirn, auch als Amygdala bekannt, übernimmt die Kontrolle. Die Amygdala ist für unsere Überlebensinstinkte und unsere *fight-or-flight*-Reaktionen zuständig. In diesem Zustand sind wir kaum in der Lage, rational zu denken oder uns angemessen zu verhalten. Unsere Aufmerksamkeit ist darauf gerichtet, die vermeintliche Bedrohung zu bewältigen. Anstatt bewusst aus dem Erwachsenen-Ich heraus zu handeln, reagieren wir instinktiv und versuchen uns zu verteidigen oder zu fliehen. Das Erwachsenen-Ich verliert also die Kontrolle an die anderen Ich-Zustände.

Diesen Automatismus können wir stoppen, indem wir ihn verstehen und gezielt Maßnahmen ergreifen, um uns selbst zu beruhigen, bevor wir reagieren. Denn gute Kommunikation ist ansteckend, schlechte aber leider auch. Die folgenden Fragen sind hilfreich, um die eigenen Kommunikationsmuster und die Muster unserer Partner:innen zu erkunden und neue Ansätze für eine konstruktive Kommunikation zu entwickeln.

Lasse die letzten 24 Stunden Revue passieren und überlege, in welchen Situationen du aus welchem Ich-Zustand heraus kommuniziert hast.
Was hast du dir innerlich gesagt? Über dich selbst? Über dein Gegenüber? Was hast du gefühlt? Wie hast du dich verhalten?[12]

Eltern-Ich: ________________________
Erwachsenen-Ich: ________________________
Kind-Ich: ________________________
Nun erinnere dich an Situationen, in denen geliebte Person aus den Ich-Zuständen heraus kommuniziert hat. Wie hat sie sich verhalten? In welchem Ton oder in welcher Lautstärke hat sie gesprochen?
Eltern-Ich: ________________________
Erwachsenen-Ich: ________________________
Kind-Ich: ________________________

Welche Muster zeichnen sich ab?
Bei welchen Themen, eskalieren unsere Gespräche immer wieder?
Wie verhalte ich mich in emotionalen oder stressigen Situationen?
Wie verhält sich mein:e Partner:in in emotionalen oder stressigen Situationen?
In welchen Situationen fühle ich mich unterlegen?
In welchen Situationen fühle ich mich in die Ecke gedrängt?
Woran merke ich, dass ein Gespräch nicht zielführend ist?
Bei welchen Themen kommen wir nicht auf einen gemeinsamen Nenner?
Woran könnte das liegen?
Wie trage ich dazu bei, dass Gespräche eskalieren?

Wie trägt mein:e Partner:in dazu bei, dass Gespräche eskalieren?
Wie können wir anders kommunizieren? Was brauchen wir dafür?
Welche Maßnahmen könnten wir ergreifen, um in schwierigen Gesprächen im Erwachsenen-Ich zu bleiben?
Welche Hilfsmittel oder Kommunikationstechniken könnten wir einsetzen, um respektvoll und konstruktiv zu kommunizieren?
Welche Bedürfnisse haben wir in der Kommunikation, die bisher nicht erfüllt wurden?

Das Erlernen und konsequente Umsetzen neuer Kommunikationsgewohnheiten erfordert Zeit und Übung. Sei geduldig mit dir selbst und deinem Gegenüber. Akzeptiere, dass es Rückschläge geben wird, und betrachte jeden Kommunikationsmoment als Gelegenheit, deine Fähigkeiten weiterzuentwickeln.

Konflikte richtig meistern

Wäre es nicht schön, wenn Beziehungen immer harmonisch wären? Wenn unsere Partner:innen uns unsere Wünsche von den Augen ablesen könnten und sich Konflikte in Luft auflösen, wenn wir sie lange genug ignorieren? Zugegebenermaßen kann ich dieser Vorstellung durchaus etwas abgewinnen, aber sie ist eine Utopie. Konflikte sind ein natürlicher Bestandteil von Beziehungen. Kein Paar kommt an ihnen vorbei, weshalb wir unsere Energie unbedingt in konstruktive Bewältigungsstrategien investieren sollten. Tun wir das nicht, verhindern wir das Wachstum unserer Beziehung und laufen Gefahr, dass sich ungelöste Themen anhäufen.

Früher hielt ich ständige Harmonie für erstrebenswert. Heute bin ich davon überzeugt, dass genau die so entstehende Pseudoharmonie einer der Beziehungs- und Zufriedenheitskiller überhaupt ist. Wir brauchen Irritationen und Reibungen, um uns weiterzuentwickeln. Sie können uns helfen, Empathie und Verständnis füreinander aufzubauen und Unterschiede zu akzeptieren. Manchmal zwingen sie uns, über den Tellerrand zu schauen und alternative Lösungen zu finden, die für alle Beteiligten akzeptabel sind.

Konflikte werden oft über Streit ausgetragen, der leider oft destruktiv und schädlich für die Beziehung ist. Streit ist häufig von starken emotionalen Reaktionen, lauten und konfrontativen Auseinandersetzungen sowie aggressiver Kommunikation geprägt. In einem Streit geht es oft darum, den eigenen Standpunkt zu verteidigen oder auf Biegen und Brechen die eigenen Interessen durchzusetzen. Wenn es hart auf hart kommt, fliegen nicht nur verbal die Fetzen, sondern auch die Teller. Streit zielt nicht auf eine gemeinsame Lösungsfindung ab, sondern darauf, den anderen als Verlierer:in dastehen zu lassen.

Konflikte schaukeln sich hoch, so Konfliktforscher

Friedrich Glasl. Er hat herausgefunden, dass Konflikte verschiedene Phasen und Eskalationsstufen durchlaufen.[13] Mit jeder Stufe nimmt die Intensität des Konflikts zu. Am Anfang können wir oft noch durch Gespräche versuchen, die Probleme zu lösen. Aber je weiter der Konflikt fortschreitet, umso unwahrscheinlich wird es, dass wir uns wieder vertragen. Wenn ein Konflikt eskaliert, rücken unsere eigentlichen Ziele in den Hintergrund. Während wir nur noch damit beschäftigt sind, der anderen Person wehzutun, verlieren wir unsere ursprünglichen Interessen aus den Augen.

Um zu erkennen, in welcher Stufe sich ein Konflikt befindet, und wie wir aktiv deeskalieren können, ist es wichtig, die Konfliktdynamik zu beobachten. Typische Anzeichen für eine Eskalation sind, wenn wir aggressiv werden, nicht mehr richtig miteinander reden können und das Verständnis und die Empathie für den anderen verlieren. Glasl unterscheidet 3 Phasen und 9 Stufen eines Konflikts:

Phase 1 (Win-win): In dieser Phase entstehen erste Spannungen und Unzufriedenheiten, die zu Konflikten führen können. Die Parteien sind noch in der Lage, das Problem durch Kommunikation zu lösen und den Konflikt unbeschadet zu überstehen.

Stufe 1: Erste Meinungsverschiedenheiten

In dieser Stufe nehmt ihr Meinungsverschiedenheiten und unterschiedliche Interessen wahr. Ihr diskutiert darüber, versucht aber die Perspektive der anderen Person zu verstehen, und eure Gespräche bleiben meist konstruktiv und respektvoll.

Wenn ihr häufiger Sätze wie »Ich sehe das ein bisschen anders« oder »Verstehst du, was ich meine?« hört oder ausprecht, könnte es sein, dass ihr euch in Stufe 1 befindet.

Stufe 2: Argumente Pingpong

Die kleinen, unterschwelligen Sticheleien haben den Frühstückstisch erobert, und ihr betont jeden kleinen Unterschied zwischen euch. Willkommen in Stufe 2! Während sich der Nebel um alte Streitthemen verdichtet, weicht ihr einer direkten Konfrontation aus. Euer Kommunikationsstil gleicht mittlerweile einem Pinggpongspiel, bei dem niemand wirklich zuhört. Statt sich gegenseitig zu verstehen, ist das Hauptziel, recht zu behalten. Und wenn ihr ständig Sätze hört oder sagt wie: »Du kapierst es einfach nicht!« oder »So habe ich das NIE gesagt!«, seid ihr vermutlich mitten in Stufe 2.

Stufe 3: Emotionaler Rückzug

Ihr merkt, dass ihr euch mehr und mehr voneinander entfernt? Das könnte auf Phase 3 hinweisen. Hier beginnt der taktische Rückzug ins eigene Lager. Ihr lest die Nachrichten des anderen, antwortet aber nicht? Oder ihr verlasst den Raum, sobald der andere etwas sagt, begleitet von einem genervten Augenrollen? Zynische Kommentare über den Partner oder die Partnerin werden auch im Beisein anderer nicht mehr unterdrückt. Information ist jetzt Macht, und ihr haltet sie bewusst zurück. Ihr trefft Entscheidungen und setzt euer Gegenüber vor vollendete Tatsachen. Misstrauen ist euer ständiger Begleiter. Wenn ihr Sätze fallen lasst wie: »Komm wieder, wenn du nicht mehr so zickig bist!«, oder »Ich rede erst wieder mit dir, wenn du dich endlich entschuldigst!«, dann wisst ihr: Ihr steckt tief in Stufe 3.

Phase 2 (Win-lose): Die Konfliktparteien nehmen zunehmend unterschiedliche Standpunkte ein und verteidigen diese vehement. Die Kommunikation wird schwieriger und ist von Schwarz-Weiß-Denken geprägt. Ab hier gibt es mindestens eine:n Verlierer:in. Externe Hilfe zur Lösungsfindung und Konfliktklärung ist nötig.

Stufe 4: Das Duell der Gegensätze

Ihr seid jetzt in der Arena der extremen Gegensätze angelangt. Alles ist entweder schwarz oder weiß, gut oder schlecht. Flexibilität in euren Ansichten? Fehlanzeige. Stattdessen macht ihr klare Ansagen wie »Darüber brauchen wir nicht reden. So etwas tut man einfach nicht!« Ihr sucht euch Verbündete, lästert mit anderen und holt euch deren Zustimmung, um euch gestärkt zu fühlen. Der Respekt voreinander schwindet rapide; ihr könnt nichts Gutes mehr im anderen sehen. Ihr seid überzeugt: Was ihr denkt und fühlt, ist die einzig richtige Sichtweise. Seid vorsichtig, ab hier wird's für eure Beziehung richtig gefährlich.

Stufe 5: Alle sollen es sehen: Du bist schuld!
Ihr habt jetzt einen Punkt erreicht, an dem ihr offen schlecht übereinander redet und andere in euren Konflikt einbezieht, quasi als Schiedsrichter, um eure Sichtweise zu bestätigen. Das Grundvertrauen füreinander ist nicht mehr vorhanden. Jede Handlung, jedes Wort der anderen Person wird angezweifelt oder negativ interpretiert. Das Schlimmste? Ihr scheut euch nicht mehr davor, die andere Person öffentlich bloßzustellen, sei es vor Freund:innen, Familie oder in sozialen Medien. Das Vertrauen zwischen euch hat einen Tiefpunkt erreicht.

Stufe 6: Wer nicht hören will, muss fühlen
Jetzt seid ihr in einer extrem kritischen Phase. Ihr fühlt euch beide ohnmächtig und versucht, durch Drohungen und Machtspielchen die Oberhand zu gewinnen. Sätze wie »Wenn du nicht machst, was ich will, dann …« zeigen, wie angespannt und ernst die Lage ist. Es kommt zu Drohungen und Gegendrohungen, die euch beide in eine noch tiefergehende Spirale ziehen. Noch schlimmer, körperliche Übergriffe oder das Ausnutzen physischer Überlegenheit, wie Festhalten oder das Türenverschließen, sind Anzeichen von eskalierender Gewalt. Ihr nutzt gezielt die Schwachstellen des anderen aus, und der Stresspegel hat seinen Höchstwert erreicht. In dieser Phase ist es dringend ratsam, professionelle Hilfe in Anspruch zu nehmen, bevor es zu irreparablen Schäden kommt.

Um einen Konflikt zu beenden, ist es notwendig, den eigenen Standpunkt zu reflektieren, den eigenen Anteil am Konflikt zu erkennen und bereit zu sein, eine gemeinsame Lösung zu finden. Anstatt auf alten Verletzungen herumzureiten, sollten wir uns wieder auf unsere eigentlichen Interessen und Bedürfnisse konzentrieren. In Konflikten bestehen auf allen Seiten Verletzungen, und alle haben es verdient, gehört zu werden. Um eine Eskalation zu vermeiden, ist es ratsam, Dinge frühzeitig anzusprechen, und zwar offen und respektvoll. Mit einer aktiven Haltung können wir vermeiden, dass Konflikte eine zerstörerische Größe annehmen.

Ein Beispiel: Chris und Leo streiten sich in letzter Zeit ständig. Es fing mit kleinen Meinungsverschiedenheiten an, die sich im Laufe der Zeit zu einem eskalierenden Konflikt entwickelt haben. Die beiden haben unterschiedliche Ansichten darüber, wie sie ihre Freizeit verbringen möchten. Chris möchte gern mehr Zeit mit Leo verbringen, während Leo viel Zeit für sich selbst einfordert. Anfangs sind es nur Diskussionen darüber, wie sie ihre gemeinsame Zeit am besten nutzen können, aber im Laufe der Zeit kommt es zu Streitigkeiten, in denen alte Verletzungen hochkommen. Chris hat das Gefühl, dass Leo nicht genug Interesse an der Beziehung zeigt.

Eines Abends eskaliert die Situation – ausgelöst durch eine Kleinigkeit. Chris fühlt sich vernachlässigt und reagiert aus diesem Gefühl heraus mit Wut und Vorwürfen und sieht schwarz-weiß. Bis hierhin gibt es für die beiden noch einen Weg, um den Konflikt zu beenden und eine Win-win-Lösung zu finden. Sie könnten dazu wie folgt vorgehen.

Schritt 1: Raus aus der Situation

Wenn sich alle Beteiligten hochgeschaukelt haben, geht es nicht mehr um das eigentliche Problem. Der Konflikt ist vielmehr ein Konflikt über den Konflikt. »Konfliktspirale« nennt die Konfliktexpertin Andrea Hartmann-Piraudeau es in ihrem Buch. Wir sind komplett vernebelt und kaum noch in der Lage, klar zu denken.[14]

»Es ist alles deine Schuld!« – Wir sind gut darin, zu erkennen, was andere alles falsch machen, aber so einfach ist das nicht. Ein Konflikt braucht mindestens zwei Beteiligte. Die Wahrnehmung in einem Konflikt ist auf allen Ebenen verändert, das heißt, wir denken, fühlen und handeln anders. Dieses Eingeständnis ist der erste Schritt zu einer möglichen Klärung des Konflikts.

Also, raus aus der Situation, um runterzukommen und Abstand zu gewinnen: »Ich würde das gerne mit dir klären, aber ich merke gerade, dass ich mich angegriffen fühle. Ich brauche ein bisschen Abstand von der Situation. Darf ich zum Zeitpunkt xy wieder auf dich zukommen?«

Schritt 2: Konflikt-Zeitstrahl erstellen

Wenn wir in einem Konflikt stecken, geraten Dinge durcheinander. Wir konzentrieren uns auf das, was uns so richtig auf die Palme gebracht hat. Plötzlich erzählt unser Gegenüber eine völlig andere Geschichte und fängt an, Tatsachen zu verdrehen. »So war das überhaupt nicht, du lügst!« – schon mal passiert? Völlig normal. Jeder Mensch geht anders mit Konflikten um und erlebt sie anders. Es wird also immer mindestens zwei Versionen eines Konflikts geben. Das ist jedoch in der Regel keine bewusste Manipulationsstrategie, sondern ein unbewusster Vorgang.

In solchen Momenten kann es uns voranbringen, einen Schritt zurückzutreten und uns die ganze Geschichte noch einmal anzuschauen. Hartmann-Piraudeau schlägt vor, mithilfe eines Zeitstrahls über den Verlauf des Konflikts nachzudenken. So können wir besser verstehen, wie eine Aktion eine Reaktion hervorgerufen hat und was genau dazu geführt hat, dass der Konflikt eskaliert ist. Und wenn wir genau hinschauen, erkennen wir Muster. Vielleicht reagieren wir immer gleich, wenn wir uns angegriffen fühlen, oder es gibt bestimmte Dinge, die uns immer wieder auf die Palme bringen. Diese Muster zu erkennen kann uns aus der Konfliktspirale heraushelfen:

Wann hat das alles angefangen?
Wann ist mir klar geworden, dass ich in einem Konflikt stecke?
Wann habe ich das erste Mal einer befreundeten Person davon erzählt?
Wann habe ich das erste Mal starke Gefühle gehabt, wenn ich an den Konflikt gedacht habe

(Ärger, Traurigkeit, Wut, Verletztheit und so weiter)?
Gab es noch andere Ereignisse, die den Konflikt verschärft haben? Welche waren das? Wann?
In welcher Phase des Konflikts befinden wir uns gerade?
Wann habe ich gemerkt, dass wir da nicht mehr so leicht rauskommen? (»Point of no return«)[15]

Schritt 3: Selbstklärung und Reflexion

Wir wollen nicht nur die Konfliktmuster und die Konfliktdynamik verstehen, sondern auch unsere Gefühlsebene erkunden. Wir schauen uns dazu die wichtigsten Etappen auf unserem Konflikt-Zeitstrahl an und ergänzen sie wie folgt:

Was ist in der Situation genau passiert?
Wie habe ich mich verhalten?
Was habe ich gedacht?
Wie habe ich mich gefühlt? Wie habe ich mich zu Beginn des Konflikts gefühlt? Wie haben sich meine Gefühle verändert? Wo und wie merke ich meine Gefühle?
Wie hat sich mein:e Partner:in verhalten?
Welche früheren Erfahrungen könnten meine Reaktion beeinflusst haben?
Was hat mich so wütend oder frustriert gemacht?

Wie habe ich mich vor dem Konflikt gefühlt?
Welche positiven Gefühle möchte ich wieder spüren?

Um das gemeinsame Konfliktmuster zu erkennen, können die folgenden Fragen hilfreich sein:

In welchen Situationen geraten wir in den Konflikt?
Wie kommt es zu den heftigen Auseinandersetzungen?
Was sind die Auslöser? Was macht wen so richtig fuchsig?
Was wird genau gesagt?
Wie wird es gesagt?

Je tiefer wir in einem Konflikt stecken, umso mehr geht es nur darum, auf gar keinen Fall klein beizugeben und den Machtkampf zu verlieren. Jetzt heißt es auch hier, tief durchatmen und ehrlich hinterfragen, worum es wirklich geht. Halte inne und gewinne Klarheit darüber, was wirklich das Problem ist.

Was wollte ich zu Beginn des Konflikts machen, was wollte ich haben oder geben?
Welche Interessen habe ich verfolgt?
Welche Bedürfnisse standen dahinter?
Worin liegt jetzt gerade mein Interesse, was mir

davor nicht bewusst war? Wie hat sich mein Interesse im Laufe des Konflikts verändert? Was ist mir jetzt wichtig weiterzuverfolgen? Was ist mir nicht mehr so wichtig wie vorher?

Wenn ihr wieder runtergekommen seid, ist ein guter Zeitpunkt für einen ehrlichen Austausch. Nehmt euch einen ruhigen Moment, um offen über eure Bedürfnisse und Interessen zu sprechen. Redet miteinander, nicht übereinander. Hört euch zu und versucht, auch mal durch die Brille eures Gegenübers zu schauen, um seine Sicht auf die Dinge besser zu verstehen.[16]

Schritt 4: Win-win-Lösung

Nachdem alle Beteiligten den Konflikt von allen Seiten betrachtet haben und genau wissen, worum es geht, schauen wir uns nun an, wie eine gemeinsame Lösung aussehen könnte. Da alle bisherigen Lösungsvorschläge gnadenlos abgeschmettert wurden, gehen wir nun anders an die Sache heran, um alternative Wege zu finden, unterschiedliche Bedürfnisse zu erfüllen und eine Win-win-Situation zu schaffen. Wir lassen alle bisherigen Überlegungen links liegen uns überlegen uns stattdessen Kriterien, die eine gute Lösung erfüllen müsste, damit wir reintheoretischvielleicht (ich weiß, es ist schwer!) bereit wären, uns darauf einzulassen.

Nehmt euch ein Blatt Papier und schreibt die Kriterien

auf. Dies können die Konfliktparteien erst mal unabhängig voneinander machen oder auch zusammen. Markiert die Kriterien, die für euch unverhandelbar sind, und jene, über die ihr bereit seid zu verhandeln. Die Kriterien sollten erst mal so offen wie möglich formuliert sein, damit sie genug Verhandlungsspielraum für alle ermöglichen und wir nicht zu sehr an einer ganz konkreten Idee festhalten nach dem Motto: »Entweder läuft es so oder gar nicht!«[17]

Zurück zu Chris und Leo. Wir erinnern uns an den Konflikt: Chris braucht viel Nähe, Leo braucht viel Zeit für sich. Die beiden haben bereits ihre eigene Position im Konflikt reflektiert und sind nun bereit, eine gemeinsame Lösung zu finden.

Kriterien für eine gute Lösung könnten sein:

Quality time – sie könnten gemeinsam erarbeiten, dass sie mindestens einen Abend pro Woche zusammen verbringen, z. B. gemeinsam Kochen, Netflix, ein Date-Abend, ...

Kommunikation & Austausch – sie könnten sich darauf einigen, dass sie sich jeden Tag Zeit nehmen, um sich über den Tag auszutauschen. Das könnte z. B. bei einem gemeinsamen Spaziergang sein oder beim Abendessen.

Zeit für sich selbst – Sie könnten beschließen, dass jede:r von ihnen mindestens einen Abend pro Woche für sich allein hat.

Flexibilität – sie könnten festlegen, dass die Vereinbarungen flexibel sind und bei Bedarf nach gemeinsamer Absprache angepasst werden können.

Konflikte zu vermeiden ist nicht das Ziel, sondern wir möchten lernen, besser mit ihnen umzugehen, anstatt uns in kraftraubenden Eskalationen zu verlieren. Konflikte bedeuten Entwicklung, und auch schmerzhafte Konflikte sind wertvolle Impulsgeber. Sie können Partner:innen entzweien und eine tiefe Kluft zwischen ihnen bilden. Sie können aber auch Verbindung schaffen und Raum für unterschiedliche Bedürfnisse und Wünsche öffnen.

Radikale Ehrlichkeit

In der Theorie ist uns das allen völlig klar: Wir sollen offen und ehrlich miteinander kommunizieren, um Vertrauen aufzubauen und eine starke Bindung zu schaffen. Check. Doch wie sieht es in der Realität aus? Sind wir wirklich immer ehrlich zueinander? Natürlich nicht. Niemand kann immer nur ehrlich sein. Manchmal greifen wir zu kleinen Notlügen. Wir machen ein Kompliment, obwohl uns das Outfit unseres Gegenübers nicht gefällt. Wenn wir einen Fehler gemacht haben, versuchen wir vielleicht, es zu vertuschen oder jemand anderem die Schuld in die Schuhe zu schieben. Manchmal haben wir einfach keine Lust auf Stress, vielleicht haben wir aber auch Angst vor der möglichen Reaktion der anderen Person. Wir möchten niemandem auf den Schlips treten oder keine unnötigen Konflikte provozieren. In anderen Fällen möchten wir unser Selbstbild bewahren und uns vor potenzieller Kritik, Ablehnung oder Konflikten schützen. Wir möchten in einem guten Licht dastehen und uns nicht angreifbar machen.

Dabei sollte auch in einer Beziehung jeder Person zugestanden werden, mal nicht das auszusprechen, was er oder sie wirklich denkt. Ich würde sogar noch einen Schritt weiter gehen und in einigen Fällen ausdrücklich dazu raten, das nicht zu tun. Insbesondere, wenn es sich um Themen handelt, die noch etwas besser durchdacht werden können. Das bedeutet nicht, Lügen zu erfinden oder immer zu verschweigen, was wir wirklich denken. In wichtigen Dingen und Punkten, die das Zusammenleben betrifft, sollten wir aufrichtig sein und auch aufrichtig sein dürfen. Zum Lügen sollte man sich zu keiner Zeit aufgefordert fühlen müssen. Ehrlichkeit sollte von beiden Seiten gelebt werden, und dazu gehört nicht nur, ehrlich zu sein, sondern auch Ehrlichkeit zu empfangen. Leider wird Ehrlichkeit oft nur dann als wertvoll erachtet, wenn sie für die empfangende Person positive Folgen hat. Werden wir hingegen mit einer unangenehmen Wahrheit konfrontiert, reagieren wir schnell mit Ablehnung, Kritik oder vielleicht sogar aggressiv.

Das ist paradox, aber für viele Menschen ist es schwierig, mit unangenehmen Wahrheiten umzugehen. Insbesondere, wenn sie unsere eigenen Vorstellungen, Überzeugungen oder Erwartungen in Frage stellen, reagieren wir schnell mit Abwehr oder Kritik. Wenn wir Ehrlichkeit verlangen, sollten wir uns unbedingt fragen, ob wir in der Lage sind, konstruktiv damit umzugehen. Und das fängt schon bei Belanglosigkeiten und Kleinigkeiten an: Wenn wir befürchten müssen, dass wir für unsere Offenheit und Ehrlichkeit beschimpft, beschuldigt und abgelehnt werden oder paradoxerweise vielleicht auch als unehrlich bezeichnet werden, trauen wir uns vermutlich nicht, uns der anderen Person anzuvertrauen, oder sind vielleicht auch gar nicht bereit, uns dieser Reaktion zu stellen.

Ehrlichkeit braucht einen sicheren Raum und hängt immer auch vom jeweiligen Gegenüber ab. Es geht nicht darum, der anderen Person ohne Rücksicht auf Verluste bei jeder Gelegenheit die eigene Meinung vor den Latz zu knallen. Radikale Ehrlichkeit kann auch respektvoll und empathisch gelebt werden – auf beiden Seiten. Verträgst du die Wahrheit? Mit diesen Fragen findest du es heraus:

Wie reagiere ich darauf, wenn mein Gegenüber mir eine unbequeme Wahrheit mitteilt?
Nehme ich es persönlich und fühle ich mich angegriffen, wenn mein Gegenüber ehrlich zu mir ist?
Bin ich in der Lage, meine Emotionen zu regulieren und ruhig zu bleiben, wenn mir unangenehme Wahrheiten mitgeteilt werden?
Bin ich bereit, die Hintergründe und Motive meiner Beziehungsperson zu erkennen und zu verstehen, warum er oder sie mir die unangenehme Wahrheit mitteilt?
Kann ich in solchen Momenten offen und emphatisch zuhören, ohne die andere Person zu unterbrechen oder schlechtzumachen?

Umgang mit unterschiedlichen Werten und Bedürfnissen

Wir sind dabei, dem Idealbild von Liebe den Rücken zu kehren und realistische Erwartungen an unsere Beziehungen zu stellen. Das bedeutet, wir wissen um unsere Unterschiede, wir bejahen sie, und wir respektieren sie. Mit dieser Haltung können unterschiedliche Wertesysteme und Bedürfnisse von Partner:innen koexistieren. Da wollen wir hin!

In der Realität neigen wir allerdings dazu, unsere eigenen Werte und Bedürfnisse auf unsere Partner:innen zu projizieren und unseren moralischen Zeigefinger zu erheben: »Das macht man nicht!«, »Das macht man so und so!«. Wir mischen uns ungefragt in die Angelegenheiten anderer ein und wollen ihnen erklären, was richtig und falsch ist – und das kommt beim Gegenüber nicht gut an. Wenn es ernst zu nehmende Reibereien gibt, ist es wichtig, herauszufinden, was hier miteinander kollidiert. Also ob es sich um einen Werte- oder einen Bedürfniskonflikt handelt. Diese Unterscheidung ist wichtig, weil Bedürfniskonflikte leichter zu lösen sind.

Ein Wertekonflikt lässt sich daran erkennen, dass das Verhalten einer anderen Person die eigenen Bedürfnisse oder die eigene Lebensführung nicht beeinträchtigt. Trotzdem möchten wir das Verhalten der anderen Person ändern, weil es nicht unseren Wertvorstellungen entspricht.

Wertekonflikte zeigen sich an pauschalen Aussagen wie »Das macht man so«, »Das gehört sich nicht«, »Das ist aber so«. Was konkret damit gemeint ist, lässt sich schwer erklären, weshalb unser Beziehungsgegenüber diese Aussagen auch nicht verstehen kann. Diskussionen darüber sind nicht zielführend.

Ein Beispiel: Jana hat keinen festen Job, weil sie sich lieber mit Gelegenheitsjobs über Wasser hält und es genießt, zeitlich flexibel zu sein. In ihrer Beziehung führt das immer wieder zu Auseinandersetzungen. Ihr Freund Hannes arbeitet in einem großen Konzern in einer Festanstellung. Geregelte Arbeitszeiten und ein festes Gehalt sind ihm wichtig. Dass Jana keinen *richtigen* Job hat, wird ihr immer wieder aufs Butterbrot geschmiert. Hannes möchte, dass Jana, endlich eine Festanstellung annimmt, und macht ihr deshalb ständig Vorhaltungen und Vorwürfe.

In diesem Fall handelt es sich um einen Wertekonflikt. Hannes möchte, dass sie sich seinen Wertvorstellungen anpasst, obwohl er in seiner eigenen Lebensführung oder der Befriedigung seiner Bedürfnisse weder gehindert noch beeinträchtigt wird. Es geht ums Prinzip. Beide investieren unglaublich viel Energie in diesen Wertekonflikt. Sie versuchen sich gegenseitig von der eigenen Sicht zu überzeugen, und das funktioniert nicht.

Anders wäre es, wenn die beiden eine gemeinsame Wohnung hätten. Die Kosten für die Wohnung sind eigentlich 50/50 aufgeteilt, doch Janas Einnahmen aus den Gelegenheitsjobs reichen oft nicht aus, um den vereinbarten Anteil an den gemeinsamen Kosten beizusteuern. Dieser Fall wäre kein Werte- sondern ein Bedürfniskonflikt.

Ein Bedürfniskonflikt liegt immer dann vor, wenn wir durch das Verhalten einer anderen Person unmittelbar in der Befriedigung unserer Bedürfnisse beeinträchtig werden. Wir können plausibel begründen, warum uns etwas stört, sodass es für unser Beziehungsgegenüber nachvollziehbar wird. In Bedürfniskonflikten ist es leichter, eine gemeinsame Lösung zu finden, ohne dass die eigenen Überzeugungen ins Wanken geraten.

Anstatt weiter die Moralpeitsche zu schwingen und Jana zu sagen, was sie zu tun und zu lassen hat, könnte Hannes stattdessen auf die Bedürfnisebene wechseln und sein Bedürfnis nach Gerechtigkeit, finanzieller Sicherheit oder Unterstützung ausdrücken. Er hat selbstverständlich das Recht, seine Gefühle oder seinen Ärger auszudrücken und Missstände anzusprechen. So haben beide die Chance, eine gemeinsame Lösung zu finden, die ihre Bedürfnisse berücksichtigt.

Oft bewerten wir unsere eigenen Bedürfnisse als richtig. In der fairen Kommunikation geht es aber nicht um richtig oder falsch, sondern um einen bejahenden und respektvollen Umgang mit Unterschieden.

Unterschiedliche Wertvorstellungen und Bedürfnisse zu managen und einen gemeinsamen Weg zu finden ist und bleibt ein ständiger Prozess, der alle Beteiligten herausfordert. Die Herausforderung besteht darin, nicht nur anzuerkennen, dass unsere Unterschiede immer größer sein werden als unsere Gemeinsamkeiten, sondern auch ganz laut »Ja« zu ihnen zu sagen. Das ist für mich Liebe!

Drum prüfe, wer sich (ewig) bindet:

Worin unterscheiden wir uns am deutlichsten?
Bin ich bereit, diese Unterschiede zu akzeptieren?
Können wir in Konfliktsituationen aufeinander zugehen?

Führen Unterschiede immer wieder zu Auseinandersetzungen, oder sind Partner:innen auf ständiger Mission, einander von der eigenen Lebensweise zu überzeugen, wird das auf Dauer einen Keil zwischen sie treiben. Wir können die Ansichten unserer Partner:innen nicht verändern. Wir haben aber glücklicherweise die Möglichkeit, unsere eigenen Wertvorstellungen zu hinterfragen und zu verändern, wenn wir das tun möchten.[18]

Bedürfnis- und Erwartungsfalle

Eine Beziehung sollte ein sicherer Raum für die Bedürfnisse und Wünsche aller Beteiligten sein. Alle sollten offen und ehrlich kommunizieren dürfen, was sie sich wünschen. Dabei dürfen wir aber Folgendes nicht verwechseln:

Jeder Wunsch darf kommuniziert werden, **UND** niemand hat das Recht auf uneingeschränkte Erfüllung der eigenen Bedürfnisse durch den Partner oder die Partnerin.

Wenn sich Paare eine offene Kommunikation in ihrer Beziehung wünschen, sollten sie ihre Erwartungshaltung unbedingt prüfen:

Wenn ich einen Wunsch äußere, bin ich dann auch in der Lage, ein Nein zu akzeptieren?
Ist es für mich in Ordnung, wenn mein:e Partner:in meinem Wunsch nicht immer nachkommt, oder fühle ich mich dann verletzt oder beleidigt?
Wie verhalte ich mich, wenn mein Gegenüber etwas äußert, womit ich mich nicht identifizieren kann?
Schaffen wir es, trotz widersprüchlicher Ansichten wertschätzend miteinander umzugehen?
Hören wir uns gegenseitig zu, oder fallen wir uns ständig ins Wort?

Viele tappen in die Erwartungsfalle, indem sie ihre eigenen Denk- und Verhaltensweisen auf ihre Partner:innen übertragen und automatisch davon ausgehen, dass sie die gleichen Einstellungen haben. Sie erwarten, dass die andere Person für die Erfüllung der eigenen Bedürfnisse verantwortlich ist. Ist das Gegenüber nicht bereit, das Bedürfnis zu erfüllen, hagelt es Kritik und Unverständnis. Wer auf solche falschen Erwartungen enttäuscht, wütend, verletzt, beleidigt, abwertend oder bestrafend reagiert, legt einer offenen und ehrlichen Kommunikation riesige Steine in den Weg. Beim nächsten Mal werden wir selbst oder unser Beziehungsgegenüber sehr genau abwägen, ob es nicht doch besser wäre, die eigenen Bedürfnisse zugunsten der Pseudoharmonie zu unterdrücken, anstatt Ärger anzuzetteln.

Achtung Erwartungsfalle! Wir projizieren häufig unsere eigenen Denk- und Verhaltensweisen auf unsere Partner:innen und erwarten automatisch, dass sie die gleichen Einstellungen haben – das muss aber nicht so sein.
Wir machen unsere Partner:innen unbewusst dafür verantwortlich, ob es uns gut geht oder nicht.

Eine Beziehung sollte ein sicherer Raum für alle sein, auch Nein sagen zu dürfen, ohne als Person abgewertet oder bestraft zu werden. Manchmal ist es ein Nein ohne Wenn und Aber, ein anderes Mal ist vielleicht einfach der Zeitpunkt schlecht gewählt. Ein Nein ist immer vor allem ein Ja zu sich selbst und nicht eine Ablehnung des Gegenübers. Wenn wir es schaffen, einen sicheren Raum fürs Neinsagen zu kreieren, wird die Bereitschaft der Partner:innen steigen, sich gegenseitige Bedürfnisse zu erfüllen – und zwar freiwillig.

Verzeihen

Vorab gesagt: Niemand *muss* verzeihen. Wer eine Enttäuschung erlebt, darf frei entscheiden, wie er oder sie damit umgehen möchte. Es gibt ein paar Enttäuschungen, die gesellschaftlich gesehen als unverzeihlich gelten. Ganz oben auf der Liste steht sexueller Betrug in monogamen Paarbeziehungen. Gesellschaftlich gesehen sind wir uns einig, dass Betrüger:innen an den Pranger gehören. Menschen, die betrogen werden, befinden sich in mehreren Hinsichten in einer misslichen Lage. Weil wir uns gesellschaftlich so einig darüber sind, dass Betrug ein absolutes No-Go ist, fühlt sich der Wunsch, ihn zu verzeihen, vielleicht falsch an. Ich kenne beide Seiten. Ich bin schon betrogen worden und habe betrogen. Doch ich habe in den vergangen Jahren nie eine Person kennengelernt, die durch die Gegend läuft und sich denkt: »Ich liebe es, meine:n Partner:in zu betrügen, weil es so viel Spaß macht!«

Als der Betrug meines Mannes damals ans Licht kam, ging es mir schlecht. Es war für mich ein Leichtes, Verbündete zu finden und ihn für mein Leid verantwortlich zu machen. Er trug Verantwortung, keine Frage. Doch soll ich euch verraten, was mir richtig zu schaffen gemacht hat? Dass ich mich in den Vergleich mit den Frauen stellte, mit denen er mich betrogen hat. Ich machte mich selbst runter. Sie waren cooler als ich, interessanter als ich, schöner als ich, schlanker als ich, sportlicher als ich ... Ich habe mir im

Kopf jedes Detail ausgemalt, wie »es« wohl gewesen ist, und ich war mir sicher, es muss so viel besser und aufregender gewesen sein als mit mir.

Als ich irgendwann bemerkte, wie klein ich mich machte, beschloss ich, nicht länger das »Opfer« zu sein. Ich war nicht bereit, mir bis zu meinem Lebensende die Geschichte zu erzählen, die Betrogene zu sein. Beziehungen sind keine Einbahnstraße – wie zum Teufel sind wir an diesen Punkt gelangt? Welchen Anteil trug ich an der Situation? Das waren Fragen, die ich mir gestellt habe, und wenn du in einer ähnlichen Situation steckst, möchte ich dich bestärken, das auch zu tun.

Zu verzeihen birgt das Risiko, wieder verletzt zu werden, und es bedeutet auch, das »Ass im Ärmel« aufzugeben. Die Karte, die man immer ziehen kann, wenn man wieder in einen Beziehungskonflikt gerät. Ja, das »Opfer« zu sein hat durchaus Vorteile und geht auch mit einer gewissen Macht einher. Wenn der Gewinn, den man daraus zieht, an dem Schmerz festzuhalten, größer ist als der Schmerz selbst, wird ein Loslassen nicht möglich sein. An diesem Punkt sollte man sehr ehrlich mit sich selbst sein. Niemand kann sagen, ob es besser ist zu verzeihen oder nicht. Fakt ist, dass es nichts am Betrug selbst ändert, ob ich am Schmerz festhalte oder nicht.

Was passiert, wenn sich nichts verändert? Wenn ich nicht verzeihen will oder kann? Wenn ich mich nicht gesehen und nicht ernst genommen fühle in meinem Schmerz? Für die Zukunft der Beziehung ist natürlich auch entscheidend, ob mein Gegenüber mir nach dem Fehltritt mit aufrichtiger Empathie begegnet oder ob sich ein Muster der Respekt- und Rücksichtslosigkeit abzeichnet. Zu verzeihen macht die Sache nicht ungeschehen. Aber es gibt eine destruktive Art, am Schmerz festzuhalten und den Betrug immer wieder neu zu konstruieren, wenn wir unserem Gegenüber den Betrug immer wieder an den Kopf knallen.

Verzeihen muss man wollen, und dann darf man es umsetzen und lernen. Lernen, dass Verzeihen nicht bedeutet, das Geschehene ungeschehen zu machen und den damit verbundenen Schmerz zu vergessen. Es bedeutet nicht, das Geschehene gutzuheißen. Es bedeutet nicht, dass es okay war, so behandelt zu werden. Es bedeutet nicht, dass der Schmerz dann nie wiederkommt. Es bedeutet zu akzeptieren, dass das Vertrauen, das ich meinem Partner oder meiner Partnerin entgegengebracht habe, erst mal weg ist, und anzuerkennen, dass ich enttäuscht und verletzt wurde.

Eines der größten Hindernisse auf dem Weg zur Vergebung ist oft unsere Interpretation und Bewertung des Geschehens. Wenn wir so sehr in unserem Schmerz feststecken und überzeugt sind, dass der Betrug eine Handlung gegen uns war oder Ausdruck des Egoismus der anderen Person, sehen wir Beweise dafür überall. Wir können negative Gefühle selbst verstärken und Situationen emotional aufladen oder eben nicht. Von einer Situation wird es immer mindestens zwei Versionen geben. Weil jede Situation jeweils aus unserem subjektiven Kontext heraus bewertet und interpretiert wird. Wenn ich in den Betrug meines Mannes weiter hineininterpretiert hätte, was ich schon immer über mich gedacht habe, und zwar, dass ich nicht gut genug bin, und es mir nicht gelungen wäre, für den Betrug noch andere valide Gründe zu finden, wäre ich aus dem Negativ-Strudel nie herausgekommen. Unsere Interpretation entspricht unserer subjektiven Wahrnehmung und nicht zwangsläufig der Wahrheit. So schwer es ist – sich von der eigenen Interpretation der Situation zu lösen ist der erste Schritt in Richtung Verzeihen. Betrug ist selten eine Handlung, die gezielt gegen eine andere Person gerichtet ist. Viel eher ist sie Ausdruck von Bedürfnissen oder einem Verlangen der betrügenden Person. Menschen, die betrügen, sind nicht in der Lage, ihre Probleme oder Bedürfnisse auf eine ehrliche und respektvolle Weise zu kommunizieren. Das soll nicht als Entschuldigung gelten und doch hat mir diese Sichtweise geholfen, über meine bloße Verletzung hinauszusehen und die Komplexität der Situation zu begreifen.

Wenn wir verletzt wurden, ist der schwierigste Schritt, die unaushaltbaren Gefühle anzunehmen und zu akzeptieren. Vielleicht bist du wütend, hegst Rachegedanken, und spürst gleichzeitig, dass du vergeben möchtest, weil es besser für dich ist oder die Beziehung zu der Person, die dich verletzt hat. Vielleicht hast du aber auch den Wunsch, nicht zu verzeihen, und das ist genauso legitim. Beides kann Ausdruck von Selbstachtung und Selbstfürsorge sein. Niemand kann dir sagen, was »richtig« oder »falsch« ist.

Die folgenden Fragen können dir helfen, eine bewusste und gut überlegte Entscheidung zu treffen, die deinen Gefühlen, deinen Werten und deinem Wohlbefinden gerecht wird:

Warum fällt es mir so schwer zu verzeihen oder loszulassen? Sind meine Grenzen auf eine Weise überschritten worden, die für mich inakzeptabel ist?
Würde das Verzeihen meine Selbstachtung oder meine Werte kompromittieren?
Welchen Vorteil oder Nutzen habe ich, wenn ich nicht verzeihe? Was erhoffe ich mir davon? Bietet es mir eine Art Schutz oder Sicherheit, die ich sonst vielleicht nicht hätte?
Welche Botschaft würde ich senden, wenn ich verzeihe? Ist es eine Botschaft, die ich unterstütze oder mit der ich mich wohlfühle?
Was brauche ich, um verzeihen zu können? Brauche ich mehr Informationen, eine Entschuldigung, Unterstützung oder einfach nur Zeit?
Wie fühlt sich der Gedanke an, zu verzeihen? Habe ich das Gefühl, dass es das Richtige ist, oder gibt es Widerstand in mir?
Wie fühlt sich der Gedanke an, nicht zu verzeihen? Welche Auswirkungen hätte dies auf meine Beziehungen zu anderen Menschen, einschließlich der Person, die mir wehgetan hat?

Was sind die Konsequenzen, wenn ich nicht verzeihe? Welchen Einfluss hat das Festhalten an der Wut oder dem Groll auf mein tägliches Leben und Wohlbefinden?
Wie sehr belastet mich die Situation, und kann Vergebung dazu beitragen, diese Belastung zu mindern?

Wie offene Beziehungen wirklich gelingen

Vielleicht ist dir schon aufgefallen, dass dieses Buch keine konkrete Definition für offene Beziehungen anbietet. Ich habe mich aus drei Gründen dagegen entschieden, offene Beziehungen anhand bestimmter Definitionen zu erklären. Erstens sind Liebe und Beziehungen in ihrer reinsten Form individuelle Erfahrungen. Was für eine Person oder eine Partner:innenschaft funktioniert, funktioniert nicht zwangsläufig auch für andere. Zweitens könnte eine starre Definition dazu führen, dass Menschen sich unter Druck gesetzt fühlen, diese »Norm« zu erfüllen. Definitionen werden leicht als Regel oder Standard wahrgenommen, und wir brauchen wirklich nicht noch mehr Standard-Regelwerke in Sachen Liebe und Beziehung, die dafür sorgen, dass wir uns schlecht fühlen, wenn wir sie nicht erfüllen. Drittens: Ohne starre Vorgaben und Definitionen bleibt mehr Raum für Wachstum, Entdeckung und Flexibilität. Findet eure eigene Definition, die auf euren individuellen Bedürfnissen, Wünschen und Grenzen basiert. Die konkrete Praxis, also euer **Wie** hängt letztlich von eurer eigenen Definition ab.

Es gibt kein Erfolgsrezept, das für alle funktioniert. Und das ist gut so! Wir wollen weg von nullachtfünfzehn oder one fits all. Wir wollen genau den individuellen Rahmen schaffen, der uns auffordert, uns mit individuellen Bedürfnissen, Wünschen und Vorstellungen von glücklichen Beziehungen auseinanderzusetzen, Begriffe (gemeinsam) zu hinterfragen und ihnen eine eigene Bedeutung zu geben. Wünsche formulieren, anstatt Forderungen zu stellen, die eigenen Bedürfnisse kommunizieren, anstatt darauf zu hoffen, dass andere sie uns von den Lippen ablesen – wer das hinkriegt, hat gute Chancen, in einer offenen Beziehung sein oder ihr Glück zu finden.

Solange wir uns selbst treu bleiben und das Beste für uns und unsere Partner:innen wollen, sind wir aus meiner Sicht auf dem richtigen Weg.

Das eigene Warum hinterfragen – gute und weniger gute Motive für eine offene Beziehung

Du denkst schon länger darüber nach, ob eine offene Beziehung für dich das Richtige wäre? Vermutlich fragst du dich auch, wie du das Thema am besten ansprechen kannst, ohne dein Gegenüber zu verletzen. Über offene Beziehung nachzudenken ist das eine – es wirklich anzusprechen und darüber zu diskutieren steht auf einem anderen Blatt. Ich würde empfehlen, das Thema nicht anzuschneiden, ohne dich vorher ehrlich mit deinen eigenen Motiven zu beschäftigen. Das gilt übrigens für alle Themen, die eine Menge Konfliktpotenzial aufweisen. Warum ist das wichtig? Wer seinem Beziehungsmenschen ohne Vorwarnung den Vorschlag einer offenen Beziehung vor den Latz knallt und einen schlechten Moment erwischt, könnte ein großes Fass aufmachen. Aus der Nummer wieder rauszukommen kann schwierig sein. Mit großer Wahrscheinlichkeit wird die andere Person davon ausgehen, dass du unbedingt eine offene Beziehung möchtest, weil du so ein spannungsgeladenes Thema sonst niemals angesprochen hättest.

Ich bin absolut dafür, Überlegungen hinsichtlich offener Beziehungen offen auszusprechen, aber ein bisschen Vorbereitung wird dir helfen, deine eigene Haltung zum Thema zu klären. Außerdem zeugt es von Empathie und Rücksicht für dein Gegenüber, nicht mit halbgaren Ideen Unruhe zu stiften. Die Auseinandersetzung mit bestimmten Fragen bringt Klarheit in das Chaos alternativer Beziehungskonzepte. Im ersten Schritt geht es darum, aus einer vagen Idee konkretere und damit greifbarere Überlegungen anzustellen, die du mit deinem Gegenüber teilen kannst. Alles Weitere ergibt sich in der gemeinsamen Auseinandersetzung und in der späteren Praxis. Mit diesen Fragen kannst du erst mal spielerisch erkunden, welche Vorstellungen mit einem guten Gefühl verbunden sind und welche – Stand heute – ein eher mulmiges Gefühl auslösen.

Wann bin ich erstmalig mit dem Thema offene Beziehung in Berührung gekommen?
Was waren meine ersten Gedanken dazu?

Welche Vorurteile habe ich über offene Beziehungen?
Was reizt mich an dem Gedanken, eine offene Beziehung zu führen?
Welche (unerfüllten) Wünsche und Bedürfnisse stecken hinter der Idee, eine offene Beziehung zu führen?
Was verstehe ich unter einer offenen Beziehung?
Welche Form könnte für uns funktionieren? (z. B. Swingen, Einzeldates, …)
Welche Menschen möchte ich treffen oder in unsere Beziehung »einladen«? Wie häufig könnten diese Treffen stattfinden?
Wie würde sich unser Beziehungsalltag in einer offenen Beziehung im Vergleich zu unserem jetzigen unterscheiden?
Welche Herausforderungen könnten sich daraus ergeben?
Welche Ängste und Sorgen habe ich hinsichtlich der Idee, die Beziehung zu öffnen?
Wie werde ich mit Unsicherheiten, Ängsten oder Eifersucht umgehen?
Welche Regeln und Absprachen erscheinen mir wichtig, damit der Gedanke an eine offene Beziehung sich gut anfühlt?
Wie steht es um meine sexuelle Orientierung? Ist das wichtig? Kann ich dahingehend offen sein?

Offene Beziehungen bringen ihre eigenen Herausforderungen mit sich, und nicht für jede Person ist eine offene Beziehung in jeder Lebensphase das Richtige. Sie erfordert ein gutes Gefühls- und Zeitmanagement und ständige Kommunikation. Mein Lieblingsspruch dazu ist: Meine Beziehung fordert und fördert mich. Ja, manchmal ist es schwer, das würden die meisten Paare in offenen Beziehungen vermutlich unterschreiben, aber glücklicherweise überwiegen für die meisten die Vorteile. Sie schätzen die Freiheit und die Möglichkeiten, verschiedene Aspekte ihrer Persönlichkeit mit unterschiedlichen Menschen zu teilen. Sie empfinden es als bereichernd, Intimität in all ihren Facetten zu erfahren. Die »unbequemen« Seiten offener Beziehungen werden häufig nicht als Nachteile, sondern als Möglichkeiten zur persönlichen und emotionalen Entwicklung betrachtet, weil wir zum Beispiel lernen können, mit unseren Gefühlen umzugehen, unsere Bedürfnisse klar zu kommunizieren und gesunde Grenzen zu setzen.

Förderliche Motive für eine Öffnung könnten sein:

Wertschätzung von Vielfalt und persönlicher Freiheit

der Wunsch, unterschiedliche Aspekte der eigenen Persönlichkeit oder Sexualität zu leben

die Überzeugung, dass es möglich und gesund ist, Zuneigung und Intimität mit mehr als einer Person zu teilen

Es gibt aus meiner Sicht aber auch Motive, die kritisch zu betrachten sind. **Kritische Motive** könnten sein:

die Hoffnung, dass eine offene Beziehung als »letzter Ausweg« bestehende Beziehungsprobleme lösen wird
Meidung einer Trennung
die Hoffnung, die andere Person zu »halten«, indem man ihren Wünschen nachgibt, obwohl man sich selbst dabei unwohl fühlt
die Annahme, dass eine offene Beziehung immer spannend und problemfrei sein wird

Wenn also Kommunikationsschwierigkeiten eine Beziehung prägen und ungelöste Konflikte schwelen, sollten diese Probleme zunächst angegangen und erst im nächsten Schritt eine Öffnung der Beziehung in Erwägung gezogen werden. Wenn es zum Beispiel einen Bereich in der Beziehung gibt, in dem sich eine:r der Partner:innen ständig benachteiligt oder unzufrieden fühlt, wird dieses Thema wahrscheinlich auch alle Diskussionen über eine offene Beziehung beeinflussen. Es wird dann schwierig sein, in einen liebevollen und unterstützenden Modus zu wechseln.

Aus eigener Erfahrung kann ich sagen, dass eine Öffnung der Beziehung schonungslos alle »Baustellen« zum Vorschein bringt. Wenn das Fundament fehlt, wird die Öffnung der Beziehung für Unruhe und Unsicherheit sorgen und die Beziehung eher weiter gefährden als bereichern. Generell empfehle ich daher, immer erst die Beziehung im Ganzen unter die Lupe zu nehmen und ehrlich zu schauen, wo noch Gesprächs- oder Änderungsbedarf besteht, bevor der Schritt in die offene Beziehung umgesetzt wird. Ganz gleich, ob monogam oder offen – in jeder Beziehung entstehen Konflikte. Die Beziehung zu öffnen sollte niemals als schnelle Lösung gesehen werden, sondern als intensiver Auseinandersetzungs- und Entwicklungsprozess. Damit die Öffnung einer Beziehung eine positive und bereichernde Erfahrung ist, braucht die Primärbeziehung viel Aufmerksamkeit und Pflege.

Offene Beziehung ansprechen

Die Idee einer offenen Beziehung bringt das allgemeingültige Verständnis von Liebe und Beziehung gehörig ins Wanken! Das Thema kann Ängste schüren, alte Verletzungen hervorholen und alles in Frage stellen, was die meisten von uns unter Liebe und Beziehung verstehen. Es ist also sinnvoll, sich auf ein erstes Gespräch gut vorzubereiten. Sich einzig und allein den Kopf darüber zu zerbrechen, wie man so etwas ansprechen kann, ohne den Beziehungsmenschen zu verletzen, ist aus meiner Sicht jedoch nicht zielführend. Nicht zuletzt, weil die Reaktion maßgeblich davon abhängt, wie das Gegenüber das Gesagte interpretiert und bewertet. Das kann sowohl positiv als auch negativ sein. Da das zweite meiner Erfahrung nach wahrscheinlicher ist, sollten die vorbereitenden Gedanken auf ein erstes Gespräch insbesondere dahin gehen, wie man auf Ablehnung, Ängste, Sorgen und starke Emotionen des Gegenübers reagieren kann, ohne sich zu rechtfertigen, selbst in den *fight-or-flight*-Modus zu schalten oder sofort klein beizugeben.

Den richtigen Zeitpunkt wählen

Häufig stolpert eine Person zuerst über das Thema, so war es ja auch bei uns. Ob durch ein Gespräch auf einer Party, einen Artikel oder irgendein Instagram-Profil. Der Gedanke beginnt zu reifen – vielleicht sogar über Wochen oder Monate. Damit ist diese Person dem Gegenüber ein Stück voraus. Wenn man einmal auf irgendwas aufmerksam wurde, begegnet es einem im Alltag plötzlich immer wieder. Also offene Beziehung hier, offene Beziehung da. Zumindest für eine Person. Sehr ungünstig wäre es nun, die andere Person zwischen Tür und Angel und ohne jegliche Vorbereitung zu konfrontieren: »Schatz, was hältst du eigentlich von einer offenen Beziehung?« Vermutlich fällt sie erst mal aus allen Wolken und reagiert schockiert. Wenn der erste Schock abgeklungen ist, hat die Person wahrscheinlich ganz viele Fragen. Ein vor sich hingestammeltes »Weiß ich auch nicht« sorgt aller Wahrscheinlichkeit nach für noch mehr Unsicherheit und Unmut.

Nur wenn die Partner:innen ausreichend mentale und

zeitliche Kapazitäten haben, ist ein guter Moment, das Thema anzusprechen. Keine Person sollte gerade in akutem Stress oder auf dem Sprung sein. Anstatt die andere Person also mit dem Thema zu überraschen und zu erwarten, auf offene Ohren für ein möglicherweise sehr unangenehmes Thema zu treffen, könntest du es so versuchen:

»Hey, ich möchte mit dir über etwas reden, das mir auf dem Herzen liegt. Es geht um unsere Beziehung. Ich habe darüber nachgedacht, ob wir Dinge vielleicht ein bisschen anders machen könnten. Wann passt es dir, dass wir in Ruhe darüber reden können?«

Vermutlich folgt auf so einen Satz etwas wie »Was ist los? Was gibt's denn? Ist es was Schlimmes?«

Auch wenn grundsätzlich ratsam ist, sich zwischen Tür und Angel nicht zu einem Gespräch verleiten zu lassen, lässt sich das in der Praxis häufig nicht vermeiden. Kommt ein Gesprächsverlauf zustande, bleibe ruhig, klar und verständnisvoll: »Mich beschäftigt in letzter Zeit das Thema offene Beziehung, und ich würde gern deine Gedanken dazu hören. Ehrlich gesagt fühle ich mich selbst gerade nervös und unsicher dabei, das Thema anzusprechen, weil ich nicht weiß, wie es dir damit geht. Mir ist es wichtig, dass wir offen und ehrlich miteinander sind und uns über das Thema austauschen. Ich finde den Zeitpunkt gerade nicht passend, weil wir nicht genug Zeit haben, in Ruhe zu sprechen. Wollen wir heute Abend was kochen und dann darüber sprechen?«

Erste Gespräche über offene Beziehungen können ziemlich heikel sein. Aufgrund der gängigen Vorurteile, mit denen wir uns bereits beschäftigt haben, fragen sich viele: Was, wenn meine geliebte Person genauso tickt? Was, wenn sie sich unzulänglich, verunsichert oder zurückgewiesen fühlt? Kein Wunder also, dass eine der häufigsten Fragen, die mich erreichen, folgende ist: »Wie kann ich das Thema ansprechen, ohne meinen Partner oder meine Partnerin zu verletzen?«

Ich will ehrlich sein: In manchen Fällen ist das nicht möglich. Natürlich möchte niemand seine:n Partner:in verletzen, vor allem dann nicht, wenn man sich noch gar nicht darüber im Klaren ist, ob man selbst überhaupt eine offene Beziehung führen möchte. Nur weil einem diese Idee im Kopf herumspukt, heißt das ja noch lange nicht, dass der Idee auch wirklich Taten folgen sollen. Doch das sind nicht die einzigen Gründe, warum wir vielleicht dazu tendieren, das Thema unter den Teppich zu kehren. Wir haben Angst vor Ablehnung und vor möglichen negativen Konsequenzen, die das Ansprechen einer offenen Beziehung mit sich bringen kann. Was, wenn ich damit alles kaputt mache?

Als Vorbereitung auf ein Gespräch kann es hilfreich sein, Streitigkeiten und Konflikte aus der Vergangenheit unter die Lupe zu nehmen und Muster herauszuarbeiten. Wie reagiert mein Gegenüber in emotionalen und stressigen Situationen? Reflektiere auch, wie du selbst in emotionalen Situationen reagierst und in der Vergangenheit mit Widerstand umgegangen bist. Falls die andere Person dazu tendiert, wütend und ablehnend zu reagieren, gilt es, Ruhe zu bewahren und Verständnis zu zeigen:

»Ich kann total verstehen, dass das ein schwieriges Thema ist, und ich sehe, dass du verärgert/verunsichert bist. Könnten wir uns später noch mal zusammensetzen, wenn du dich bereit fühlst, darüber zu sprechen? Ich möchte, dass wir ruhig und respektvoll darüber reden können, ohne dass du unter Druck stehst.«

Bei allem Verständnis für das Unverständnis der anderen Person ist es aber auch wichtig, sich darüber Gedanken zu machen, wie es weitergeht, wenn es keine gemeinsame Lösung gibt. Die Angst vor Ablehnung hält uns leider oft zurück, unsere Wahrheit zu sprechen. Es kann sein, dass unsere Wahrheit andere Menschen enttäuscht und dass sie den Weg nicht weiter mit uns gehen möchten.

Ein erstes Gespräch ist der Anfang eines gemeinsamen Prozesses.

Um etwas Druck rauszunehmen, könntest du außerdem kommunizieren, dass an ein erstes Gespräch nicht die Erwartungshaltung geknüpft ist, eine finale Lösung zu finden und die Beziehung sofort zu öffnen. Dennoch solltest du klar ausdrücken, dass es sich um ein Thema handelt, das dir am Herzen liegt, und du daran interessiert bist, eine gemeinsame Lösung zu finden.

Wenn dein Beziehungsmensch mit dem Thema gar nichts anfangen kann oder in einen Panikmodus verfällt, kann es vorkommen, dass er dich allein für den Gedanken an eine offene Beziehung abwertet oder die ganze Beziehung in Frage stellt, ohne dass in der Praxis überhaupt irgendetwas passiert ist. Sollte sich das Thema emotional zu sehr aufheizen, macht es Sinn, das Gespräch zu vertagen. Wenn sich die Fronten mit jedem weiteren Gespräch verhärten und das Thema sich zu einem ungelösten Schwelbrand innerhalb der Beziehung entwickelt, kann externe Unterstützung durch ein Coaching oder eine Paarberatung helfen. Aber für den Moment gilt es, Affekthandlungen zu vermeiden und ruhig zu bleiben. Die Devise lautet: No Fight!

Dein Gegenüber befindet sich womöglich im Überlebensmodus. Das Reptiliengehirn ist aktiv und versucht, eine wahrgenommene Bedrohung abzuwehren. Das Großhirn, das reflektiert und rational handelt, hat gerade nicht viel zu melden, weshalb du dir alle logischen Argumente an diesem Punkt eurer Kommunikation sparen kannst. Das Reptiliengehirn erreichst du nicht durch Logik, sondern durch Empathie.

Chris Voss, ein ehemaliger FBI-Verhandlungsführer, erklärt in seinem Buch *Never Split the Difference*, worauf es ankommt, wenn wir Konditionen neu verhandeln – und das tun wir, wenn wir über offene Beziehungen sprechen, auch wenn anders als in Voss' Erfahrungen keine Geiselnehmenden beteiligt sind. Aber seine Strategien sind super, um in wichtigen Angelegenheiten gemeinsam die beste Lösung zu finden, ohne faule Kompromisse einzugehen. Wichtige Bestandteile seiner Strategien sind aktives Zuhören und taktische Empathie. Wie bitte? Das klingt doch nach Manipulation! Ist es auch – aber im Positiven. Es geht darum, die »Gegenseite« wirklich zu verstehen, ihr Wertschätzung und Respekt zu zeigen und ein Win-win-Szenario zu kreieren. Das klingt schon besser, oder?

Dabei können dir sogenannte kalibrierte Fragen helfen. Es handelt sich um offene Fragen, die nicht einfach mit Ja oder Nein beantwortet werden können.

»Was sind deine größten Bedenken zu einer offenen Beziehung?«
»Wie könnten wir eine offene Beziehung gestalten, die unsere Beziehung stärkt, anstatt sie zu belasten?«
»Was bräuchtest du von mir, um dich in einer offenen Beziehung sicher und respektiert zu fühlen?«
»Inwiefern glaubst du, dass eine offene Beziehung für uns nicht funktionieren könnte?«
»Welche Grenzen oder Regeln müssten wir festlegen, damit du dich mit dem Gedanken wohlfühlst?«

Diese Fragen können dir helfen, den Standpunkt deines Gegenübers besser zu verstehen und das Gespräch in eine konstruktive Richtung zu lenken. Dein Gegenüber ist gefordert, eigene Antworten zu finden und sich ernsthaft mit dem Thema auseinanderzusetzen.

Denk dran – vergiss erst einmal deine Argumente! Das aktivierte Reptiliengehirn deines Gegenübers interessiert sich gerade nicht dafür. Was gerade zählt, sind Empathie und Verständnis! Und zwar authentisch und ehrlich gemeint.

Vom Nein zum Ja

»Wenn mein Partner einen Wunsch oder ein Bedürfnis äußert, finde ich es wichtig zu verstehen, was dahintersteckt, aber auch hinzuschauen, welche Ängste und Sorgen ggf. bei mir selbst ausgelöst werden, bevor ich sofort ›Nein‹ zu etwas sage, das für den anderen von Bedeutung ist.«

Das ist die Caption eines meiner Reels auf Instagram. Mein entrüstetes Ich von vor fünf Jahren würde jetzt vermutlich beide Augenbrauen hochziehen und beleidigt den Raum verlassen. Über meine damalige Reaktion auf die Frage, was ich von offenen Beziehungen halte, habe ich bereits geschrieben. Für mich war das ein absolutes No-Go, einfach undenkbar. Heute wäre eine Reaktion wie meine damalige ein absolutes No-Go. Mit einer respektvollen Begegnung auf Augenhöhe hat das nämlich nicht sehr viel zu tun, und mein Nein war damals vor allem Ausdruck meiner

Vorurteile, Ängste und falschen Vorstellungen. Mit meinem Nein habe ich einer möglichen Diskussion die Grundlage entzogen. Ich habe nicht zugehört und wollte Johannes' Perspektive überhaupt nicht verstehen. Seine Intention war in diesem Moment für mich völlig irrelevant.

Einen respektvollen und konstruktiven Dialog zu führen, bedeutet selbstverständlich auch, dem Gegenüber die Möglichkeit zu geben, »Nein« zu sagen.

Gib deinem Gegenüber die Möglichkeit, »Nein« zu sagen!

Wenn Menschen das Gefühl haben, dass ihre Sichtweisen wertgeschätzt und respektiert werden, entsteht ein Umfeld von Vertrauen und Offenheit. In einem solchen Umfeld sind wir tendenziell eher dazu bereit, unsere Vorurteile und Annahmen zu hinterfragen und uns auch mit anderen Perspektiven auseinanderzusetzen. Und darum geht es auch erst mal nur!

In vielen Fällen ist ein »Nein« eine temporäre Entscheidung, um den Status quo zu bewahren, weil Veränderung beängstigend sein kann. Ein »Nein« bedeutet selten »Ich habe alle Fakten geprüft und eine rationale Entscheidung getroffen«. Es könnte bedeuten:

Ich bin noch nicht bereit zuzustimmen.
Ich verstehe das nicht.

Ich möchte etwas anderes.
Ich brauche mehr Informationen.
Ich kann nicht nachvollziehen, wie du darauf kommst.

Wenn du ein »Nein« hörst, reagiere mit Verständnis. Manchmal ist es schon hilfreich, dem Ganzen ein wenig Zeit zu geben. Besteht neben Skepsis eine grundsätzliche Gesprächsbereitschaft, können lösungsorientierte Fragen wie »Was daran funktioniert nicht für dich?« oder »Was würdest du benötigen, damit es funktioniert?« helfen, das Gespräch voranzubringen und neue Perspektiven zu eröffnen.

Keine Person sollte sich verpflichtet fühlen, eine offene Beziehung zu führen, wenn sie das nicht möchte. Niemals sollten wir versuchen, einen anderen Menschen von unserer eigenen Lebensführung überzeugen zu wollen oder zu etwas zu überreden. Wir können erklären, welche Werte und Bedürfnisse uns wichtig sind, um uns glücklich und erfüllt zu fühlen – vielleicht fördert das das gegenseitige Verständnis und ermöglicht einen offenen Dialog oder die Erweiterung eigener Perspektiven.

Erste Schritte in eine offene Beziehung

Vielleicht hat sich der erste Sturm der Entrüstung gelegt und dein:e Partner:in ist bereit, mit dir über offene Beziehungen zu sprechen. Vielleicht fiel die Reaktion aber auch direkt ganz neugierig und entspannt aus. Der nächste Schritt ist für jedes denkbare Szenario wichtig und baut auf den eigenen Überlegungen zur Intention auf. Gleicht eure Vorstellungen und Erwartungen hinsichtlich einer möglichen Öffnung eurer Beziehung ab, um Missverständnissen vorzubeugen. Es mag zwar sein, dass ihr den gleichen Begriff benutzt, aber völlig unterschiedliche Vorstellungen und Ideen davon habt, wie eine offene Beziehung in der Praxis aussehen könnte.

Vorstellungen und Erwartungen klären

Manche Menschen gehen gern in Swingerclubs und ziehen es vor, ausschließlich gemeinsam mit ihren Partner:innen sexuelle Erfahrungen zu machen – mit oder ohne »Partner:innentausch«. Andere sind lieber in sexpositiven Clubs wie dem KitKat in Berlin oder auf Kinky-Partys unterwegs. Einige Paare haben sich darauf geeinigt, dass sie sich nur im privaten Umfeld und nur am Wochenende mit anderen Leuten treffen. Sexuelle Dreierkonstellationen als MMF (Mann-Mann-Frau) oder lieber MFF (Mann-Frau-Frau)? Solche Mehrfachkonstellationen bieten auch eine Möglichkeit, den Partner:innen beim Sex mit anderen Menschen zuzuschauen, ohne selbst aktiv am Geschehen teilzunehmen. Auch im Dating gibt es Unterschiede. Von einmaligen Sextreffen und sofortigem Kontaktabbruch, sobald Gefühle im Spiel sind, bis hin zu regelmäßigen Treffen und emotionalen Verbindungen ist alles möglich. In vielen offenen Beziehungsmodellen gibt es eine »Haupt«- oder »Primärbeziehung«, aber das ist auch nicht in allen Fällen so. Einige Menschen vermeiden Hierarchien und betrachten all ihre Beziehungen als gleichwertig.

Was ist eure jeweilige Idee einer offenen Beziehung?
Welche Art von Erfahrungen oder Beziehungen suchen wir? Suchen wir kurzfristige sexuelle Begegnungen, emotionale Verbindungen oder eine Mischung aus beidem?
Möchten wir gemeinsam andere Menschen treffen, oder ist es uns auch wichtig, unabhängig voneinander neue Beziehungen zu erforschen?
Wie oft möchten wir uns auf diese neuen Erfahrungen einlassen? Ist das etwas, was wir regelmäßig tun möchten oder eher sporadisch?

Stellt sicher, dass ihr eine ähnliche Idee davon habt, wie eine offene Beziehung für euch aussehen könnte. Das nimmt vielleicht auch direkt einige Ängste: Womöglich ging es an keinen Punkt darum, allein andere Menschen zu treffen, sondern um die Erkundung zu zweit? Vielleicht geht es nur um eine ganz bestimmte Sache, die reizvoll wirkt? Oder ihr merkt direkt, dass ihr es beide ganz, ganz langsam angehen möchtet und es einfach erst mal spannend findet, gemeinsam über mögliche Abenteuer zu fantasieren.

Regeln und gemeinsame Absprachen

Es ist ein weit verbreitetes Vorurteil, dass in offenen Beziehungen alles erlaubt ist und wir einfach tun und lassen können, was wir wollen, ohne Rücksicht auf unser:e Partner:innen zu nehmen. Das ist von der Realität weit entfernt. In Wahrheit sind verbindliche Absprachen eine wichtige Säule offener Beziehungen. Zu Beginn kann es hilfreich sein, eine Liste mit »Regeln« zu erstellen, die euch wichtig erscheinen. So könnt ihr einen groben Rahmen schaffen, der euch Sicherheit bietet, euch auszuprobieren und euch in dieser neuen Beziehungsform zu orientieren.

Für mich hat der Begriff »Regeln« allerdings einen faden Beigeschmack, weil er mir zu starr erscheint, und Regeln doch meist dazu verführen, sie zu brechen. Nichtsdestotrotz erfüllen sie für viele einen wichtigen Zweck, denn sie sind der Strohhalm, an den man sich klammern kann, wenn man plötzlich das Gefühl hat, die Kontrolle zu verlieren. In offenen Beziehungen geben wir Kontrolle ab und gehen stattdessen ins Vertrauen. Wer zuvor *sicher* eingebettet war in den klaren Regeln der Monogamie, fühlt sich in Anbetracht der neuen Freiheiten vielleicht etwas verloren.

Ich spreche lieber von gemeinsamen Absprachen. Die Begrifflichkeiten sind aber Geschmackssache. Am Ende des Tages ist die Idee, unter Berücksichtigung der persönlichen Bedürfnisse und Grenzen aller Beteiligten, einen Bereich abzustecken und einen Rahmen zu schaffen, in dem sich die Partner:innen sicher fühlen, (erste) Schritte zu gehen.

Dieser abgesteckte Bereich ermöglicht eine gewisse Vorhersehbarkeit und hilft dabei, Entscheidungen im Sinne der Partner:innenschaft treffen zu können, auch wenn die andere Person in einer Situation nicht anwesend oder involviert ist. Absprachen sind daher ein wichtiges Tool und sollten dynamisch und anpassungsfähig sein.

Um eigene Absprachen für eure Beziehung zu finden, bieten die folgende Leitfragen Orientierung:

Wie können wir sicherstellen, dass unsere offene Beziehung unsere Bindung stärkt und nicht schwächt?
Wie definieren wir Ehrlichkeit und Offenheit in unserer Beziehung, und wie stellen wir sicher, dass wir offen und ehrlich miteinander umgehen?
Wie offen möchten wir in unserer Kommunikation über diese Erfahrungen sein? Sollen wir detailliert über unsere Begegnungen sprechen, oder bevorzugen wir eine weniger direkte Herangehensweise?
Welche persönlichen Bedürfnisse und Grenzen haben wir jeweils, und wie können wir sicherstellen, dass diese respektiert werden?
Wie gehen wir mit Emotionen um? Was tun wir, wenn Eifersucht oder Unsicherheit aufkommt?
Welche Absprachen und Grenzen möchten wir festlegen, wenn es um Interaktionen mit anderen Menschen geht? Was ist in Ordnung und was nicht?

Wie gehen wir damit um, wenn eine:r von uns eine Änderung der Absprachen wünscht oder die Beziehung wieder schließen möchte?
Wie können wir sicherstellen, dass wir regelmäßig einchecken und reflektieren, wie es uns geht?
Wie können wir unsere Beziehung pflegen und stärken? Welche Rituale oder Aktivitäten sind uns dabei wichtig?
Wie kommunizieren wir unseren Status als offene Beziehung gegenüber anderen, und wie gehen wir mit möglichen gesellschaftlichen Reaktionen um?

Es kommt häufig vor, dass einem Paar am Anfang ganz viele Absprachen notwendig erscheinen. Im Laufe der Zeit und mit ein bisschen Praxiserfahrung stellen sich bestimmte Dinge als nicht praktikabel oder nicht mehr so relevant heraus. Wenn wir bemerken, dass Absprachen nicht funktionieren oder zu Konflikten führen, sollten wir nicht zögern, sie erneut zu besprechen. So können wir sicherstellen, dass wir trotz aller Freiheit, die eine offene Beziehung bietet, immer noch auf einem »gemeinsamen Kurs« sind.

Beispiele für Absprachen:

Regelmäßige Gesundheitschecks: Um die sexuelle Gesundheit zu gewährleisten, sind regelmäßige Gesundheitschecks für alle ein Muss!

Verhütung: Um sich vor STI[19] zu schützen, gibt es viele Möglichkeiten. Einen hundertprozentigen Schutz gibt es nicht, aber Safer Sex verringert das Ansteckungsrisiko erheblich und ist in jedem Fall unerlässlich. Verantwortungsbewusstsein ist hier das A und O!

Veto-Recht: Die Partner:innen haben das Recht, bestimmte Personen oder Situationen zu »vetoen«, wenn sie sich damit unwohl fühlen.

Örtliche/zeitliche Grenzen: Treffen mit anderen finden auf neutralem Terrain statt und werden außerhalb der eigenen vier Wände oder des Lieblingsrestaurants arrangiert. Vielleicht sind bestimmte Tage, wie euer Jahrestag oder Feiertage, nur für euch reserviert.

Ausschluss bestimmter sexueller Praktiken: Manche Dinge sind nur für euch bestimmt. Vielleicht gibt es bestimmte sexuelle Aktivitäten, die ihr als besonders intim empfindet, wie z. B. Analsex oder Küsse. Diese könnten allein euch vorbehalten sein und nicht mit anderen geteilt werden.

Reine Sex-Treffen: Vielleicht ist es euch wichtig, den emotionalen Teil eurer Beziehung zu schützen, indem ihr eure Außenkontakte auf rein sexuelle Erlebnisse begrenzt. Keine romantischen Dinner, kein Händchenhalten im Park

Nur gemeinsam: Ihr könntet beschließen, nur gemeinsame Erfahrungen zu machen. Vielleicht, um Eifersucht zu minimieren oder weil gemeinsame Erfahrungen als besonders reizvoll empfunden werden.

Nur Partner:innen einer bestimmten Gender-Identität:

Diese Absprache könnte für euch funktionieren, wenn ihr nur sexuelle Erfahrungen mit Personen einer bestimmten Gender-Identität sucht und euch damit wohler fühlt, weil ihr so ein weniger ausgeprägtes Konkurrenzempfinden habt.

Erforschung und Ausleben von Fantasien und bestimmten Praktiken (z. B. BDSM): Eure offene Beziehung könnte ein sicherer Raum sein, um bestimmte sexuelle Praktiken oder Fantasien zu erforschen. Vielleicht fühlt sich eine:r von euch zu BDSM hingezogen, oder ihr seid neugierig auf Rollenspiele.

Nur einmalige Treffen: Vielleicht wollt ihr emotionale Verwicklungen mit anderen vermeiden und beschließt daher, euch nur einmal mit jeder Person zu treffen.

Keine Übernachtung: Übernachtungen können als zu intim empfunden werden oder einer romantischen Beziehung zu sehr ähneln.

Im Vorfeld klarstellen, dass man in einer offenen Beziehung lebt: Ehrlichkeit und Transparenz sind wichtig, um sicherzustellen, dass alle Beteiligten die Situation verstehen, einverstanden sind und keine falschen Erwartungen haben.

Freund:innen und Bekannte sind tabu: Manche Paare möchten ihre Freund:innenschaften und ihre romantischen oder sexuellen Beziehungen getrennt halten.

Sofortiger Kontaktabbruch, wenn Gefühle entstehen: Wenn eine:r von euch anfängt, Gefühle für eine andere Person zu entwickeln, könntet ihr als Schutzmaßnahme für eure Primärbeziehung vereinbaren, dass dann der Kontakt abgebrochen wird.

Sich alles erzählen: Manche Paare ziehen es vor, völlig offen und ehrlich über ihre Erfahrungen zu sprechen. Das kann dazu beitragen, Vertrauen aufzubauen und sicherzustellen, dass sich niemand ausgeschlossen fühlt

Don't ask, don't tell: Auf der anderen Seite, wenn das Teilen von Details mehr Stress und Unruhe reinbringt, als dass es für Sicherheit sorgt, könnt ihr beschließen, eure Erfahrungen für euch zu behalten.

Keine Alltagskommunikation, nur das Notwendige mit Dates: Um zu verhindern, dass sich emotionale Bindungen entwickeln, könntet ihr eure Kommunikation mit anderen auf das Notwendige beschränken.

Diese Liste ist beliebig kürz- und erweiterbar. Regeln und Absprachen sollten nicht beliebig aufgestellt werden, sondern diskutiert und hinsichtlich ihrer Intention hinterfragt werden. Häufig verbergen sich hinter Regeln Unsicherheiten, Ängste und unser innerer Kontrolletti. Kurz gesagt, die Qualität der Absprachen ist wichtiger als die Quantität. Es geht nicht darum, eine möglichst lange Liste zu erstellen, sondern darum, sinnvolle Absprachen zu treffen, die das Wohlergehen und die Zufriedenheit aller Beteiligten stärken.

Beispiele, um die Intention hinter den Absprachen zu hinterfragen – Achtung, es könnte piksen:

Nur gleichgeschlechtliche Partner:innen

Warum fühlst du dich wohl dabei, wenn dein:e Partner:in Erfahrungen mit dem gleichen Geschlecht macht, aber nicht mit anderen?
Hast du Angst, im direkten Vergleich nicht »gut genug« zu sein?
Siehst du gleichgeschlechtliche Erfahrungen als weniger bedrohlich für deine Beziehung an? Wenn ja, warum ist das so?
Glaubst du, dass Sex zwischen Frauen weniger »echt« oder ernst ist als Sex zwischen Mann und Frau?
Hältst du Sex zwischen Frauen für weniger bedeutsam oder weniger konkurrenzfähig als Sex zwischen Frauen und Männern?

Duschen nach dem Treffen

Warum ist es dir wichtig, dass dein:e Partner:in nach einem Treffen duscht?
Geht es um Sauberkeit oder gibt es tiefergehende emotionale Gründe, wie das Gefühl, dass dein:e Partner:in »markiert« ist oder du dich vielleicht auch ekelst?
Geht es dir darum, physisch und emotional von dem Treffen »abzuschalten« und euch wieder auf eure Hauptbeziehung zu konzentrieren?

Sich alles erzählen

Geht es um Transparenz und Vertrauen, oder hat dein innerer Kontrolletti Angst, etwas Wichtiges zu verpassen oder ausgeschlossen zu werden?
Fördert diese Absprache wirklich Offenheit und Vertrauen, oder könnte sie zu unangenehmen Gefühlen oder Eifersucht führen, wenn ihr Details teilt, die die andere Person vielleicht gar nicht hören möchte?
Besteht ein ehrliches Interesse am Austausch, um sich »mitzufreuen«? Vielleicht findest du es ja auch heiß, mehr Infos zum Treffen zu bekommen, weil es dein Kopfkino anheizt.
Könnte diese Vereinbarung die Autonomie oder Privatsphäre von dir oder deinem Gegenüber einschränken?

Ausschluss bestimmter sexueller Praktiken:

Warum gibt es bestimmte Dinge, die nur du und dein:e Partner:in tun dürfen? Sind das Aktivitäten, die ihr als besonders intim oder besonders anseht?
Fühlst du dich dadurch sicherer oder mehr geschützt? Wenn ja, warum genau?
Willst du etwas Besonderes für dich behalten oder hast du Angst, dass dein:e Partner:in diese Dinge mit jemand anderem besser findet?

Könntest du dich weniger geliebt oder wertgeschätzt fühlen, wenn dein:e Partner:in diese bestimmte Praktiken mit jemand anderem ausübt?

Wer sich ertappt fühlt, braucht sich nicht zu schämen – wir sind doch hier unter uns. Am Ende lautet die Devise »Eure Beziehung, eure Regeln«, aber wenn wir schon dabei sind, uns in radikaler Ehrlichkeit zu üben, dann auf allen Ebenen.

Auch wenn wir unser Bestes geben – es kann passieren, dass wir Fehler machen oder Absprachen nicht eingehalten werden. Wenn das passiert, ist es wichtig, dass wir Verantwortung für unser Handeln übernehmen. Wir sollten das Problem offen ansprechen und zugeben, wenn wir einen Fehler gemacht haben. Und uns auch dafür entschuldigen, denn eine gute Entschuldigungskultur gehört zu einer funktionierenden Beziehung dazu. Es kann hilfreich sein, eine Art »Notfallplan« für solche Situationen zu haben. Dieser Notfallplan könnte beinhalten, dass die Partner:innen sich darauf einigen, sich auch im Worst Case aufeinander verlassen zu können und Konflikte miteinander auszutragen, anstatt sie unter den Teppich zu kehren.

Wenn die Liste der Absprachen hauptsächlich auf Einschränkungen und Verboten beruht und der Fokus vor allem darauf liegt, was alles nicht erlaubt ist, erinnert euch daran, warum ihr euch entschieden habt, eure Beziehung zu öffnen, und was für ein großes Geschenk ihr euch und eurer Beziehung damit macht. Schreibt euer persönliches

Beziehungsmanifest und hebt dabei auch die positiven Aspekte hervor, die euch wichtig sind. Ein Beispiel:

Unterstützung: Wir haben uns entschieden, unsere Beziehung zu öffnen, und möchten uns darin ermutigen und unterstützen. Wir sind neugierig und offen, möchten neue sexuelle Erfahrungen machen und uns weiterentwickeln, sowohl einzeln als auch zusammen. Wir wissen, dass wir dabei manchmal neue Erfahrungen mit anderen machen werden, und das ist okay. Vielleicht entdecken wir neue Dinge, die uns gefallen, probieren BDSM aus oder haben Sex mit mehr als einer Person. Wichtig ist uns, dass jede Person ihre eigenen Grenzen kennt und respektiert sowie die gegenseitigen Grenzen. Wir möchten einander nichts aufzwingen, sondern uns die Freiheit geben, in einer sicheren, einvernehmlichen Umgebung Neues zu entdecken.

Offenheit: Und wir möchten ehrlich zueinander sein. Wenn wir uns dazu bereit fühlen, möchten wir unsere Erfahrungen miteinander teilen. Vielleicht entdecken wir neue Praktiken, die wir auch miteinander ausprobieren möchten, oder wir haben ein Erlebnis, das wir teilen möchten, um uns noch besser zu verstehen und näherzukommen.

Umgang mit Konflikten: Wenn Konflikte oder Eifersucht in unserer offenen Beziehung auftreten, verpflichten wir uns dazu, diese Herausforderungen als Chancen für Wachstum und die Stärkung unserer Bindung anzusehen. Wir wissen, dass es normal ist, dass Eifersucht oder Unsicherheiten in einer offenen Beziehung auftreten können, und wir möchten aktiv daran arbeiten, diese Gefühle zu verstehen und zu bewältigen.

Wir verpflichten uns, ehrlich und offen über unsere Gefühle zu kommunizieren und uns gegenseitig zuzuhören, ohne Urteile oder Vorwürfe. Wir möchten verstehen, welche Bedürfnisse oder Ängste hinter unseren Emotionen stehen, und gemeinsam nach Lösungen suchen, die für uns beide akzeptabel sind.

Gleichgesinnte finden

Geschafft! Wenn du an dieser Stelle angekommen bist, kannst du richtig stolz auf dich sein. Du hast dein Beziehungswissen erweitert und kannst damit eine krisenresistente und selbstbestimmte Beziehung aufbauen. Mit diesem Wissen kannst du dich zu einem Beziehungsmenschen entwickeln, der sich selbst und anderen höchste Wertschätzung entgegenbringt und nicht nur sein eigenes Wohl im Auge hat, sondern auch das seines Beziehungsmenschen.

Eigentlich könntest du jetzt einen Moment durchatmen, aber lass mich raten – jetzt willst du erst recht wissen, wie es weitergeht, stimmt's? Ich verstehe das zu hundert Prozent, und ich weiß, wie aufregend die ersten Schritte in eine offene Beziehung sein können. Ihr habt eure Beziehung individuell ausgerichtet, sprecht eine gemeinsame Sprache, könnt einander in eurer Verletzlichkeit zeigen und euch halten, ohne dass es dafür ein starres Konstrukt von außen braucht.

Jetzt gilt es, euer eigenes Tempo zu finden und auch weiter gut aufeinander zu achten und miteinander im Gespräch und in Verbindung zu bleiben. Was meine ich damit? Oft haben Partner:innen nicht das gleiche Tempo. Manchmal passiert es, dass sich eine Person, vor allem nach einer holprigen Anfangsphase, überrumpelt fühlt, wenn die andere Person euphorisch ist und am liebsten sofort loslegen möchte.

Wenn das passiert, sprecht darüber und passt das Tempo an. Es muss ja zu Beginn nicht sofort ein Urlaub mit einer dritten Person sein, wenn ihr »neu im Geschäft« seid, und ihr müsst bei einem ersten Treffen auch nicht gleich aufs Ganze gehen. Könnt ihr natürlich, aber für viele Paare bietet es sich an, mit kleineren Schritten zu starten. Das kann ein gemeinsames Abendessen mit einer anderen Person sein oder ein Spaziergang ohne Knutschen. Und dann wartet erst mal wieder die »Arbeit« auf euch, um die Erfahrungen mithilfe guter Aftercare zu integrieren. Damit es überhaupt losgehen kann, müssen natürlich erst einmal gleichgesinnte Menschen her. Auch wenn Vorurteile etwas anderes behaupten, wählen die meisten Menschen in offenen Beziehungen sehr weise aus, welche Personen sie in ihre Beziehung einladen und welche nicht. Uns ist es beispielsweise wichtig, dass diese Menschen unsere Beziehung respektieren und ganz klar ist, dass alle das Beste für alle anderen im Blick haben. Jemand, der sich abfällig über offene Beziehungen äußern würde oder sexistische und frauenfeindliche Einstellungen durchblicken lässt, käme für uns als dritte Person nicht in Frage. Sympathie, Optik und Humor sind mir mindestens genauso wichtig wie der Austausch über sexuelle Vorlieben. Das mag ich an der »kinky«-Szene, dass dahingehend so eine offene Gesprächskultur herrscht. Aber das ist schon einen Schritt zu weit. Menschen in offenen Beziehungen sind überall – auf dem Dorf und in Großstädten. Es gibt viele Möglichkeiten auf Gleichgesinnte zu treffen, sowohl online als auch offline.

Halte Ausschau nach Events, Workshops oder Vorträgen in deiner Nähe, die sich mit Themen wie alternativen Beziehungsmodellen, offenen Beziehungen oder Offenheit in Beziehungen befassen. Manchmal werden auch in kleineren Gemeinden Stammtische organisiert. Solche Veranstaltungen bieten oft nicht nur informative Vorträge und Diskussionen, sondern auch die Möglichkeit, neue Kontakte zu knüpfen. Werde Mitglied von sexpositiven Communities und Online-Plattformen, Foren oder Facebook-Gruppen, die sich mit alternativen Beziehungsmodellen beschäftigen. Hier kannst du dich mit anderen austauschen, Fragen stellen und Kontakte knüpfen, unabhängig davon, wo du wohnst.

Meine Lieblings-Community ist Joyclub. Joyclub ist mit über fünf Millionen Mitgliedern die größte sexpositive Community im DACH-Raum. Willkommen sind alle, unabhängig von sexueller Orientierung, Beziehungskonstellation, Aussehen oder Fetisch. Joyclub verbindet quasi alles in einer Plattform. Man kann dort nicht nur Kontakte knüpfen, sondern sich auch in Foren austauschen, an Workshops teilnehmen, Artikel lesen oder sich Online-Kurse anschauen. Ich selbst biete dort immer wieder Online-Workshops an, in denen man Fragen über offene Beziehungen stellen kann. Joyclub ist eine tolle Plattform, die man auch kostenlos und anonym nutzen kann.

Die LGBTQIA +-Community in deiner Region kann auch ein guter Anlaufpunkt sein, um Menschen zu treffen, die offen für verschiedene Beziehungsmodelle sind. Oft gibt es auch in ländlicheren Gebieten LGBTQIA+-Gruppen, die regelmäßige Treffen, Veranstaltungen oder Unterstützungsangebote anbieten.

Persönliche Netzwerke: Sprich mit Freund:innen oder Bekannten, die ähnliche Interessen oder Beziehungsmodelle haben. Sie können dir möglicherweise Kontakte vermitteln oder Empfehlungen geben. Ehrlich gesagt habe ich mich anfangs gewundert, wie viele Menschen in meinem Umfeld offen für dieses Thema sind oder Personen kennen, die offene Beziehungen führen.

Und wer sich erst mal nur umschauen will, kann auf Social Media nach Hashtags wie #offenebeziehung oder #nonmonogamie suchen und so Creator finden, die zu dem Thema Content erstellen. Mittlerweile gibt es viele Accounts, die aufklären und wertvolle Tipps geben.

Aftercare

Ein wichtiger Aspekt offener Beziehungen ist für mich, wie sich die Partner:innen nach einer Erfahrung außerhalb der Hauptbeziehung wieder begegnen. Bei den gemeinsamen Absprachen sollten wir daher nicht nur an Situationen mit anderen Menschen denken. Wir sollten uns auch im Vorfeld überlegen, wie wir unseren Hauptpartner:innen nach Treffen mit anderen Person wieder begegnen möchten und welche körperlichen und mentalen Nachbereitungen wir treffen können, damit es allen Beteiligten gut geht.

Wenn ein:e Partner:in ein Date hat, ist das für die »hinterbliebene« Person nicht immer einfach. Manchmal verliert man sich in einem Gedankenstrudel und weiß nicht so recht, wohin mit sich. Aftercare fängt damit an, wie wir uns nach einem Treffen begegnen. Es schützt uns vor »bösen Überraschungen«, beispielsweise wenn ein:e Partner:in mit einer Date-Situation hadert. Die Person, die ein Date hatte, kann sich trotzdem darauf verlassen, mit offenen Armen anstatt mit Vorwürfen empfangen zu werden. Die Person, die mit schwierigen Emotionen umgehen muss, kann sich darauf verlassen, dass auch dafür Raum geschaffen wird und sie sich in ihrer Verletzlichkeit zeigen kann.

Ursprünglich stammt der Begriff Aftercare aus der BDSM-Szene und soll sicherstellen, dass sich Spielpartner:innen nach einer intensiven (sexuellen) Erfahrung sicher und umsorgt fühlen. Was für ein schöner Gedanke!

Auch Menschen in offenen Beziehungen können von einer Aftercare-Routine profitieren. Es geht darum, nach dem Sex oder einem Date wieder miteinander in Verbindung zu treten, sich zu unterstützen und sich umeinander zu kümmern. Aftercare ist aber auch immer etwas, das jede:r sich selbst schenken kann. Bewusste Zeit und Aufmerksamkeit; wenn es notwendig ist, auch »Wunden lecken« und mögliche Unsicherheiten oder Ängste aufzufangen.

Aftercare sieht für jedes Paar anders aus. Manche nehmen sich nach einem Treffen bewusst Zeit füreinander und lassen das Erlebte Revue passieren, andere verbringen »nur« einen gemeinsamen Kuschelabend auf dem Sofa, ohne sofort über das Erlebte zu sprechen. Jedes Paar sollte für sich herausfinden, wie viel es nach einem Treffen miteinander teilen möchte. Auf jeden Fall sollte Aftercare immer ein Raum sein, in dem sich alle verletzlich zeigen dürfen.

Um die Beziehung zwischen euch zu stärken und ein besseres Verständnis für eure eigenen Wünsche und Grenzen zu bekommen, können folgende Reflexionsfragen hilfreich sein.

Für gemeinsame Erfahrungen:

Was haben wir an der Erfahrung besonders genossen? Was hat gut funktioniert?
Gab es Momente, in denen sich jemand unwohl

gefühlt hat? Wenn ja, was genau hat dazu geführt, und wie könnten wir dafür sorgen, dass es beim nächsten Mal besser läuft?
Haben wir uns in der Kommunikation mit anderen Personen und untereinander wohlgefühlt? Gab es Dinge, die wir nicht angesprochen haben, die aber angesprochen werden sollten?
Hat sich jemand in irgendeiner Weise unter Druck gesetzt gefühlt? Wie können wir sicherstellen, dass zukünftige Begegnungen auf gegenseitigem Einverständnis und Respekt basieren?
Was haben wir durch diese Erfahrung über unsere eigenen Grenzen und Wünsche gelernt?
Wie haben wir uns vor, während und nach der Begegnung gefühlt? Haben wir das Gefühl, dass unsere Beziehung durch die Erfahrung gestärkt oder herausgefordert wurde?
Wie möchten wir mit der anderen Person in der Zukunft umgehen? Soll es weitere Treffen geben, und wenn ja, wie können diese gestaltet werden?

Bei individuellen Erfahrungen könnten folgende Fragen hilfreich sein:

Wie fühlst du dich, nachdem etwas Zeit vergangen ist?
Was hast du aus dieser Erfahrung über dich selbst gelernt?

Was hat dir besonders gut gefallen?
Gab es Momente, in denen du dich unwohl gefühlt hast? Wie würdest du diese Momente beschreiben, und was glaubst du, hätte anders sein müssen, damit das nicht passiert?
Welche Gedanken oder Gefühle kamen nach dem Treffen auf, die du während des Treffens nicht hattest?
Gibt es etwas, das du beim nächsten Mal anders machen würdest?
Wie könnten wir unser beider Bedürfnisse bei zukünftigen Treffen besser in Einklang bringen?
Wie fühlst du dich mit unseren Absprachen? Gab es welche, die du anpassen möchtest?
Wie würdest du die Dynamik zwischen uns während des Treffens und danach beschreiben?
Welche Teile unserer Beziehung oder Intimität schätzt du nach dem Treffen noch mehr?

Wie hat sich das Erlebte auf dein allgemeines Wohlbefinden und deine Selbstwahrnehmung ausgewirkt?

Unser erstes Date

Bevor wir uns aktiv auf die Suche nach passenden Menschen begaben, legten wir uns auf Joyclub ein Partner:innenprofil an. Ich erinnere mich gut daran, wie aufregend ich es fand, unser gemeinsames Profil anzulegen. Wir suchten Fotos aus und schrieben einen Profiltext. Angaben zu sexuellen Vorlieben runden das Ganze ab und machen es relativ explizit. Es ist klar, worum es geht, aber trotzdem nicht zu plump. Wir tasteten uns spielerisch heran und verteilten die ersten Herzchen. Als Neuling auf solchen Plattformen passiert es nicht selten, dass sich die Nachrichten und Anfragen häufen. Insbesondere weiblich gelesene Personen bestätigen diese Erfahrung. Sie werden regelrecht mit Anfragen und Fotos überhäuft. Das kann schnell überfordernd sein. Bei Plattformen ist es mir persönlich wichtig, dass es bestimmte Sicherheitseinstellungen gibt, beispielsweise eine Zertifizierung von Mitgliedern, die einen vor Fake-Profilen schützen soll. Ebenso nutzen wir gern bestimmte Einstellungen, und geben an, von wem wir kontaktiert werden möchten und von wem nicht.

Irgendwann lernten wir auf Joy Club ein Paar kennen, das uns auf Anhieb gefiel. Relativ schnell war klar, dass die Chemie auf beiden Seiten stimmte. Nach ein bisschen Schreiberei und der obligatorischen WhatsApp-Gruppe verabredeten wir uns erst mal ganz locker in einer Bar, um uns kennenzulernen. Ich weiß noch, wie aufregend es war, als Johannes und ich uns zu Hause gemeinsam fertig machten und die positive Spannung in der Luft lag. Wie sind sie wohl? Hoffentlich haben wir uns was zu erzählen und es entsteht keine peinliche Stille! Wie wird die Begrüßung? Wie kommen wir aus der Nummer raus, wenn es nicht passt? Sollen wir uns irgendein Code-Wort überlegen?

Typische Dinge, die einem vor einem ersten Date im Kopf herumschwirren. So eine Situation allerdings mit meinem Partner gemeinsam zu erleben kam mir surreal vor. Wir fuhren mit der U-Bahn zu unserem Treffpunkt, und da standen die beiden auch schon. Die Begrüßung war herzlich und zum Glück nicht angespannt, puh! Die erste Anspannung war verflogen, und die Stimmung war locker und fröhlich. Es war ein schöner, warmer Sommerabend in Hamburg, und bevor wir gemeinsam Richtung Café spazierten, holten wir uns im Supermarkt um die Ecke ein Weg-Bier. Es passte zwischen uns nicht nur online, sondern auch im echten Leben. Die Stunden vergingen, und spontan beschlossen wir, noch zu uns nach Hause zu fahren. Wir machten es uns auf dem Balkon gemütlich, und plötzlich fand schon der erste Partner:innentausch im Kleinen statt.

Ich saß neben *ihm*, und mein Mann saß neben *ihr*, plötzlich eine zaghafte, aber zärtliche Berührung von *ihm* an meinem Arm. Adrenalin schoss durch meinen ganzen Körper. Und auch auf der anderen Seite rückten Johannes und *sie* näher zusammen. Verrückt! Passiert das gerade wirklich? Und wie kann es sein, dass sich das so natürlich und vertraut anfühlt? Alle kamen sich näher.

Im Verlaufe des Abends legte *sie* ein Veto ein, weil ihr die Situation zu schnell ging und sie sich überrumpelt fühlte. In dem sicheren Raum, den wir geschaffen hatten, konnte sie genau dieses Bedürfnis äußern und ihre Grenze aussprechen. Alle Beteiligten reagierten rücksichtsvoll und respektierten die ausgesprochene Grenze ohne Wenn und Aber. Niemand von uns hatte sich je zuvor in einer solchen Situation befunden, wir waren alle totale Neulinge auf diesem Gebiet, weshalb ich das sehr gut nachempfinden konnte. Wir verbrachten einen wunderschönen ersten Abend miteinander, der erst mal nicht weiter ging, als dass wir miteinander knutschten. Relativ bald darauf verabredeten wir uns erneut.

Zwischen den Treffen hatten wir alle die Möglichkeit, das Erlebte sacken zu lassen und auch in die jeweiligen Hauptbeziehungen zu integrieren. Das ist ein Punkt, den ich für sehr wichtig halte: ein Tempo zu finden, das für alle Beteiligten passt, und immer wieder innezuhalten, um das Erlebte wirklich zu verarbeiten und zu integrieren. Auch das zweite Date war wunderschön und endete diesmal darin, dass wir tatsächlich auch alle miteinander Sex hatten. Das Verhältnis war auf allen Ebenen geprägt von gegenseitiger Rücksicht, Respekt und Offenheit. Wir alle fühlten uns mit unseren Unsicherheiten gesehen und gehalten. Ich glaube, dass dies die Situation wirklich sehr besonders gemacht hat und dazu geführt hat, dass wir uns alle so schnell öffnen konnten.

Immer wieder wird mir die Frage gestellt, wie es für mich ist, meinen Mann mit einer anderen Frau zu sehen. Ich kann nur für mich sprechen: Ich finde es heiß und schön und in keiner Weise befremdlich. Das liegt jedoch auch daran, dass wir die Menschen, die wir in unsere Beziehung einladen, sorgsam auswählen und uns wichtig ist, dass diese Menschen unsere Beziehung respektieren und nicht versuchen, einen Keil zwischen uns zu treiben. Unsere erste Erfahrung hat die Messlatte ziemlich hoch gesetzt. Bis heute sind wir mit dem Paar befreundet und treffen uns mittlerweile auch rein freundschaftlich. Das zeigt für mich auch so schön, dass es auf jeden Fall um Sex geht und doch oft so viel mehr ist als das.

Neben gemeinsamen Erfahrungen ermöglichen wir uns auch Erfahrungen unabhängig voneinander, auch wenn das eher seltener bei uns vorkommt. Das könnten beispielsweise Situationen sein, in denen eine:r von uns beruflich unterwegs ist oder wir getrennt voneinander feiern gehen ... Dass wir uns gezielt für ein Einzeldate verabredet haben, ist bisher noch nicht vorgekommen.

Normalerweise gehen wir so vor, dass wir vorher einen kurzen Check-in machen, bevor eine:r von uns loszieht. Dabei tauschen wir uns darüber aus, wie es uns geht – vor allem mit dem Gedanken daran, dass eine:r von uns etwas mit einer anderen Person haben könnte. Es ist schon vorgekommen, dass wir uns darauf geeinigt haben, dass an einem Abend gar nicht mit anderen angebandelt wird oder nichts weiter als Knutschen passiert. In anderen Momenten war es wieder anders. Bei diesem Check-in geht es nicht darum, sich die Erlaubnis des Partners zu holen, sondern darum, ein Zeichen zu setzen und zu sagen: »Hey, ich sehe dich, es ist mir wichtig, wie es dir geht, und ich möchte unter Wahrung meiner Bedürfnisse und Grenzen auch deine Bedürfnisse und Grenzen achten. Es ist mir wichtig, dass du dich sicher fühlst. Was brauchst du gerade, und wie kann ich dich unterstützen?« Neben der Übernahme der Verantwortung für das eigene Wohlbefinden und die eigene Gefühlslage, die für mich ein riesengroßer und wichtiger Bestandteil ist in Bezug auf Emotions- und Gefühlsmanagement, finde ich es auch wichtig, von meinem Partner gehalten und unterstützt zu werden.

Toolbox für den Notfall und Beziehungspflege

Offene Beziehungen können der Hammer sein! Aber Hand aufs Herz – wie in allen Beziehungen, ist nicht immer alles Friede, Freude, Eierkuchen. Manchmal erleben wir Abenteuer und aufregende Momente, entdecken Neues, mit unseren oder ohne unsere Partner:innen. Und dann gibt's die Tage, an denen wir keine Lust auf Action haben oder unser Beziehungsmensch alleine unterwegs ist. Vielleicht kommen Gedanken auf wie »Na toll, Warum bin ich zu Hause, während mein:e Partner:in Spaß hat?« Es gibt sie, diese Tage und Momente, die einfach nur »meh« sind. Und für diese Momente, ist dieses Kapitel geschrieben.

Für die richtig guten Tage? Die brauchen kaum Erklärung – sie sind eben einfach großartig. Aber für die Tage, in denen alles ein wenig komplizierter und schwerer erscheint, ist es gut, vorbereitet zu sein. Und deshalb gibt's jetzt ein paar handfeste Tipps und Strategien, die dir dabei helfen, dich durch herausfordernde Zeiten zu manövrieren.

»Ich wäre viel zu eifersüchtig«, höre ich in Gesprächen über offene Beziehungen immer wieder. Doch wann ist Eifersucht »zu viel«? Muss man eifersuchtsfrei sein, um eine offene Beziehung zu führen? Und wenn ja, wie geht sie weg? Eifersucht ist ein unangenehmes Gefühl. Niemand möchte gern eifersüchtig sein, und dennoch haben wir vermutlich alle schon einmal diese Erfahrung gemacht. Eifersucht ist nicht nur *ein* Gefühl, sie ist ein Spektrum, ein Emotions-Cocktail aus verschiedenen Gefühlen wie Angst, Wut, Trauer und Verzweiflung, begleitet von körperlichen Symptomen und negativen Gedanken. Eifersucht kann überwältigend sein, und Betroffene schildern, dass sie von ihrer Eifersucht regelrecht überrollt werden und ihr hoffnungslos ausgeliefert sind. Auch in offenen Beziehungen ist Eifersucht ein heikles Thema. Aus meiner Sicht muss man nicht eifersuchtsfrei sein, um eine erfüllte und sichere offene Beziehung zu führen. In offenen Beziehungen werden wir nicht nur mit unserer Eifersucht konfrontiert, sondern mit der ganzen Bandbreite an Gefühlen und Emotionen. Eifersucht soll im Folgenden als Beispiel dienen, die Erklärungen lassen sich aber auch auf alle anderen Gefühle und Emotionen anwenden. Es ist nicht so entscheidend, um was für ein Gefühl es sich handelt, sondern wie wir mit ihm umgehen.

Wir neigen dazu, unangenehme Gefühle zu vermeiden oder zu unterdrücken, in der Hoffnung, sie würden einfach verschwinden. Am liebsten wollen wir sie loswerden … Etwas »loswerden« zu wollen impliziert für mich generell diesen Grundgedanken, dass etwas nicht »richtig« ist, dass *wir* nicht richtig sind. Dabei erfüllt Eifersucht eine wichtige Funktion. Es kann sein, dass wir einen destruktiven Umgang mit Eifersucht gelernt haben, der uns heute nicht mehr dienlich ist, und wir das ändern möchten. Um ein neues Verhalten zu erlernen, ist diese Erkenntnis der erste Schritt. Aber bitte aus einem liebevolleren Mindset heraus, das sagt: *Danke, liebe Eifersucht, dass du mich auf etwas hinweisen möchtest. Du bist eine wertvolle Schutzfunktion und ich gucke mal, welche Optionen ich noch habe, um die Situation zu bewältigen.* Wir reden so viel über gesunde Kommunikation miteinander, und oft vergessen wir, dass es auch um die Kommunikation mit uns selbst ankommt. Auch die sollte gewaltfrei sein!

Also noch mal, unser Ziel ist nicht, Eifersucht zu eliminieren – wir möchten generell keine Gefühle eliminieren, weil wir uns damit den direkten Zugang zu unseren (unerfüllten) Bedürfnissen versperren würden. Gefühle zeigen an, dass bestimmte Bedürfnisse in Gefahr sind. Unser Gehirn unterscheidet dabei nicht, ob diese Gefahr real ist oder nicht. Es will uns schützen, weshalb unsere Antennen bei potenziellen Gefahren immer anschlagen. Wenn jemand ein angekratztes Selbstwertgefühl hat oder in der Vergangenheit schlechte Erfahrungen gemacht hat, zum Beispiel durch einen Seitensprung, sind diese Antennen noch empfindlicher.

Wir möchten unsere Gefühle nicht eliminieren, sondern unsere emotionale Kompetenz stärken!
Gefühle erfüllen eine wichtige Signalfunktion und sind der direkte Zugang zu unseren (unerfüllten) Bedürfnissen.

Bevor ich euch die effektivsten Strategien verrate, die sowohl für mich persönlich als auch für Paare, mit denen ich arbeite, funktionieren, sollten wir uns ansehen, welche destruktiven Strategien Menschen entwickeln, um mit ihren negativen Gefühlen »umzugehen«. Dazu gehören vor allem Vermeidung, Kontrolle, Abwertung und Kritik, aber auch passive Aggressivität, Unterdrückung und sogar selbstschädigendes Verhalten. Diese vermeintlichen Coping-Strategien sind kein konstruktiver Umgang mit Gefühlen, sondern verstecken sie eher oder schieben sie vorerst beiseite. Ungelöste Themen werden eher verschlimmert oder häufen sich an, und es lohnt sich sehr, andere Bewältigungsstrategien zu erlernen.

Eifersucht und damit einhergehendes Kontrollverhalten waren immer Teil meines Beziehungsverständnisses. Ich habe mir Strategien angeeignet, um den Kontrollverlust in bestimmten Situationen zu kompensieren. War mein Freund ohne mich *on tour*, habe ich die Veranstaltung sowie die Freunde, mit denen er unterwegs war, auf Social Media verfolgt. Wann immer sich die Möglichkeit ergab, kontrollierte ich das Handy oder den Laptop. E-Mails, Facebook,

WhatsApp … in einer rasenden Geschwindigkeit sog ich alle Informationen auf, die ich fand. Ich wusste genau, wie viele Follower mein Freund auf Instagram hatte und konnte sofort ausfindig machen, wenn jemand Neues dazukam. War es eine Frau, witterte ich Gefahr und versuchte direkt, alles über sie herauszufinden, was möglich war. Wie es mir damit ging? Schlecht. Denn ich nutzte die gesammelten Informationen und Fakten nicht, um mich in Sicherheit zu wiegen. Ich habe die Informationen gegen mich selbst verwendet. Ich habe mich in die Situation hineingesteigert, mich selbst abgewertet und damit einen großen Teil dazu beigetragen, dass es mir schlecht ging. Diesen Schuh kann ich mir heute ganz klar anziehen.

Das ist übrigens auch der Grund, warum ich unbedingt dazu rate, ganz genau zu prüfen, was die eigentliche Intention ist, wenn man beispielsweise nach einem Date wirklich jedes Detail wissen möchte. Wenn man die Informationen nutzt und dann Ruhe und Sicherheit spürt – okay. Wenn man aber die Informationen nutzt, um negative Gedanken zu schüren, das eigene Selbstwertgefühl mit dem Vorschlaghammer in den Boden zu stampfen und das negative Kopfkino so richtig anzuregen, halte ich dieses Vorgehen für keine gute Strategie. Das Gleiche gilt für den Ansatz »Don't ask, don't tell«: Wer nicht das Bedürfnis hat, Genaueres zu erfahren, weil ein ausgeprägtes Gefühl von Vertrauen da ist, fährt mit dieser Strategie wohl sehr gut. Wer aber nichts wissen möchte aus Angst, dass die Antworten auf die Fragen, die einem eigentlich unter den Fingernägeln brennen, zu belastend sind, sollte diesem Phänomen vielleicht auf den Grund gehen. Gefühle sind dazu da, gefühlt zu werden, und wenn wir sie unterdrücken, kommen sie immer wieder hoch, wie eine Gummiente im Wasser.

Lasst uns nun schauen, wie wir schwierige Situationen in Zukunft besser bewältigen können. Offene Beziehungen sind herausfordernd und bringen die eigenen Unsicherheiten ans Licht. Aller Anfang ist schwer, und es braucht Übung, um konstruktiv mit den eigenen Emotionen und den Emotionen des Partners oder der Partnerin umzugehen.

Wie gut oder wie schlecht wir uns durch schwierige Situationen und Phasen manövrieren, hängt entscheidend von unserer inneren Einstellung und der Bereitschaft ab, sie auszuhalten und daran zu wachsen – und zwar nicht allein, sondern gemeinsam. Alle Beteiligten sind gefordert, diese Beziehungsarbeit zu leisten. Das bedeutet, Verantwortung für die eigenen Gefühle zu übernehmen, sich einander zuzumuten, sich verletzlich zu zeigen, Gefühle zu validieren und einander Halt zu geben. Oft ist es schwierig, den eigenen Schmerz und den Schmerz des geliebten Menschen auszuhalten und den Gefühlen Raum zu geben, weil sich direkt ein Retterimpuls regt. Die andere Person »leiden« zu sehen tut weh und ist kaum auszuhalten. Doch genau in diesen schwierigen Momenten steckt so viel Wachstumspotenzial, weil wir neue, stärkende Bindungserfahrungen machen und erfahren können: Ich bin sicher, auch wenn ich gerade nicht so cool und stark bin, mein:e Partner:in hält das mit mir aus. Wenn es uns nicht gut geht, ist das, was wir wirklich brauchen, jemand, der bei uns ist, uns den Rücken stärkt und uns den Raum gibt, unsere Gefühle zu erkunden und zu verstehen. Das Gefühl, gehört und gesehen zu werden, ist oft weit mächtiger als jeder direkte Lösungsvorschlag.

Manchmal sind Menschen verunsichert, dass sich bestimmte Situationen schwierig anfühlen, obwohl sie die offene Beziehung doch wollen. In solchen Fällen dürfen wir alle lernen, den Anspruch loszulassen, dass immer alles easy sein muss. Bedeutungsvoller Schmerz ist okay, solange wir daran wachsen und noch immer im Einklang mit unseren Werten und Bedürfnissen leben.

Zunächst wollen wir unsere Eifersucht besser kennenlernen und unsere bisherigen Strategien unter die Lupe nehmen. Du kannst mit diesen Fragen auch alle anderen Emotionen/Gefühle reflektieren.
Was assoziiere ich mit Eifersucht?
Welche konkreten Gedanken lösen meine Eifersucht aus?
Welche Rolle spielen meine eigenen Unsicherheiten?
Ist Eifersucht für mich ein »Beweis« meiner Liebe und Zuneigung?
Welche Möglichkeiten gibt es, um meine Liebe und Zuneigung auszudrücken?
Wie hat sich meine Eifersucht in der Vergangenheit entwickelt?

In welchen Situationen erlebe ich typischerweise Eifersucht?
Gibt es Situationen, in denen ich nicht eifersüchtig bin, obwohl ich es erwarten würde?
Wie verhalte ich mich, wenn ich eifersüchtig bin, und ist dieses Verhalten hilfreich?
Was sagt meine Eifersucht über meine Selbstwahrnehmung aus?
Welches Bedürfnis steht hinter meiner Eifersucht, und wie kann ich es auf andere Weise erfüllen?
Wie beeinflusst meine Eifersucht meine Beziehung(en)?
Wie würde ich gern mit Eifersucht umgehen?
Wie reagiere ich, wenn mein:e Partner:in eifersüchtig ist?
Was würde passieren, wenn ich meine Eifersucht akzeptiere, anstatt sie zu bekämpfen?

Jetzt möchte ich gern anhand einiger typischer Situationen aufzeigen, wie wir neben all der Theorie ganz praktisch in die Situationsbewältigung gehen können. Warum braucht es solche Tools? Damit wir in schwierigen und emotional aufgeladenen Situationen handlungsfähig bleiben und nicht wie ferngesteuert durch die Gegend laufen. Denn unsere Eifersucht tritt ziemlich bestimmt auf und diktiert uns, was zu tun ist, um Sicherheit und Kontrolle zurückzubekommen. Aber bestimmte Strategien, wie heimlich Nachrichten lesen, schaffen nur kurzfristig Abhilfe. Langfristig gesehen schaden wir damit uns und unserer Beziehung und erreichen vermutlich das Gegenteil dessen, was wir uns eigentlich wünschen.

Die folgenden Szenarien können Teil eurer gemeinsamen Vereinbarungen sein und trotzdem doofe Gefühle auslösen:

> Stell dir vor, deine geliebte Person geht auf ein Date – ob zum ersten oder zum zehnten Mal, spielt keine Rolle. Du sitzt zu Hause, starrst die Wand an, während im Hintergrund die Spotify »Herzschmerz-Playlist« läuft. Dass ihr auf Dates geht, ist Teil eurer Abmachung, aber es fühlt sich gerade mies an. Die andere Person möchte gerade ein prickelndes Date genießen, hat aber einen fetten Kloß im Hals, weil sie weiß, dass du zu Hause sitzt und leidest – oder andersherum. Wenn sie zurückkommt, ist Ärger vorprogrammiert.
>
> Dein Beziehungsmensch geht regelmäßig mit jemand anderem aus. Natürlich ist das okay, denn ihr habt ja darüber gesprochen. Aber dennoch ... diese wiederholten Treffen machen dich kirre. Was, wenn doch mehr Gefühle ins Spiel kommen? Was, wenn eure Abmachungen nicht eingehalten werden?
>
> Da seid ihr nun, auf einem gemeinsamen Date, auf einer Party oder in einem Swingerklub. Es sollte ein aufregender Abend werden, und dann – BAM – fühlst du dich plötzlich unwohl. Die Eifersucht hat dich im Würgegriff und will nicht loslassen.

Dein:e Partner:in hat mehr Dates oder lernt öfter neue Leute kennen. Du willst es der anderen Person eigentlich gönnen, aber fühlst dich benachteiligt. Als ob du auf der Ersatzbank sitzt, während dein:e Partner:in das Spiel genießt.

Dein Beziehungsmensch ist beruflich unterwegs, und du hattest dich eigentlich auf ein bisschen »Me-Time« zu Hause gefreut. Doch noch bevor du die Netflix-Folge starten kann, fängt dein Hirn an zu rattern. Ist der offizielle Teil schon vorbei? Bestimmt findet jetzt irgendwo eine Afterparty statt. Ist dieser eine Kollege oder die eine Kollegin auch dabei?

Die folgenden Beispiele sind destruktive Bewältigungsstrategien, weil sie – wenn überhaupt – nur kurzfristig Abhilfe schaffen und die negativen Emotionen und Gefühle tendenziell eher verstärken. Es ist **NICHT** hilfreich:

Die andere Person mit impulsiven WhatsApp-Nachrichten zu überschütten. Die Person am anderen Ende hat keine Chance, angemessen zu reagieren, da sie mit einer Flut an Nachrichten konfrontiert wird. WhatsApp-Kommunikation ist für mich in Krisensituationen generell ein No-Go, weil es nichts mit wertschätzender Kommunikation zu tun hat. Sie ermöglicht keine richtige Auseinandersetzung mit den Problemen und führt zu Missverständnissen auf beiden Seiten. Es fehlt der wichtigste Teil der Kommunikation, nämlich der nonverbale, den auch Emojis nicht ersetzen können.

Anzurufen unter dem Vorwand, sich »Sorgen« zu machen. Hier sollten wir ehrlich mit uns selbst sein. Geht es wirklich um das Wohlbefinden der anderen Person oder um das eigene Bedürfnis nach Kontrolle oder Sicherheit? Solche getarnten Kontrollversuche werden vom Gegenüber schnell entlarvt. Es ist wichtig, der anderen Person Raum zum Atmen zu geben und einen geeigneten Zeitpunkt zu finden, in Ruhe über die Situation zu sprechen.

Verbote zu erteilen oder Forderungen zu stellen, wie »Ich will nicht, dass du dich mit XY triffst«. Anstatt sich mit den eigenen Gefühlen und Bedürfnissen auseinanderzusetzen, wird versucht, das Verhalten der anderen Person zu kontrollieren. Es gibt einen Unterschied zwischen Grenzen setzen und kontrollieren, und natürlich macht auch der Ton die Musik. Grenzen zu setzen ist wichtig und sehr gesund. Eine Grenze zu ziehen sollte sich auf die eigenen Handlungen beziehen, anstatt darauf, was eine andere Person tun oder nicht tun soll. Statt zu versuchen, das Verhalten des Partners oder der Partnerin zu kontrollieren und zu sagen: »Ich will nicht, dass du dich mit XY triffst«, könnte eine konstruktivere Herangehensweise sein, zu kommunizieren, wie du dich fühlst und welche Bedürfnisse bedroht oder nicht erfüllt werden. Daraus kannst du dann Wünsche ableiten, die du an dich selbst oder deinen Beziehungsmenschen richtest.

Die andere Person zu ignorieren und sich emotional oder physisch zurückzuziehen oder beim Wiedersehen eine

Szene zu machen – hinter diesen Verhaltensweisen stecken eigentlich der Wunsch nach Verbindung oder starke Gefühle wie Wut. Wenn wir solche Impulse verspüren, dürfen wir lernen, genauer hinzuschauen und unsere Gefühle und Bedürfnisse auszudrücken, anstatt den Partner oder die Partnerin verantwortlich zu machen und sie zu bestrafen.

Das Date oder andere potenzielle Nebenbuhler:innen auf Social Media suchen und sich mit ihnen vergleichen. Wir tun uns damit einfach keinen Gefallen. Social Media zeigt oft nur eine verzerrte Realität. Viele Menschen zeigen dort nur die schönsten Momente ihres Lebens und präsentieren sich von ihrer besten Seite. Kein Wunder, dass wir uns minderwertig fühlen, wenn wir uns mit dieser Halbwahrheit vergleichen.

Agieren statt reagieren lautet die Devise!
Das Geheimnis ist: Impulskontrolle

Das sind alles klassische Kurzschlussreaktionen, die oft durch unkontrollierte Emotionen und Stress hervorgerufen werden. Diese impulsgesteuerten Reaktionen verschlimmern die Situation meistens, anstatt sie zu verbessern. Deshalb ist es unser Ziel, unser Repertoire an konstruktiven Verhaltensweisen und Methoden zur Bewältigung von Stress und zur Regulation von Emotionen zu erweitern. Anstatt impulsiv zu reagieren, möchten wir lernen, durch

Selbstregulation bewusst zu handeln und emotionale Situationen effektiv zu meistern.

Die »90-Sekunden-Regel«

Wir haben die Wahl, wie wir mit einer Situation umgehen, ob wir sie emotional aufheizen oder ob wir innehalten und reflektieren, was es uns gerade schwer macht und was wir brauchen. Der Clou ist nämlich, dass Emotionen nachweislich nur 90 Sekunden in unserem Körper bleiben. Diese Aussage stammt von der Neurowissenschaftlerin Dr. Jill Bolte Taylor. In ihrem Buch *My Stroke of Insight* erklärt sie, dass der biochemische Prozess einer Emotion – also die Ausschüttung spezifischer Hormone und Neurotransmitter in Reaktion auf einen emotionalen Auslöser – etwa 90 Sekunden dauert. Danach sind diese biochemischen Substanzen normalerweise abgebaut, und die ursprüngliche emotionale Reaktion klingt ab. Es sei denn, unser kognitives Gehirn schaltet sich dazu und fängt an, die Situation weiter zu analysieren und zu bewerten. Es bringt die aktuelle Situation mit ähnlichen Situationen aus der Vergangenheit in Verbindung, die ähnliche Emotionen ausgelöst haben. Dieser Prozess wird auch als »emotionale Rückkopplungsschleife« bezeichnet. Dadurch können wir die gleiche Emotion immer wieder fühlen, obwohl die eigentliche Situation vorbei ist. Unser Gehirn bleibt sozusagen in einem emotionalen Loop hängen.

Mit der »90-Sekunden-Regel« möchte Taylor uns ermutigen, Emotionen bewusst anzunehmen und zuzulassen, anstatt sie zu unterdrücken oder zu vermeiden. Sie betont, dass Emotionen vorübergehend sind und dass wir bewusst Einfluss auf unser Verhalten nehmen können, indem wir unsere Gedanken und Bewertungen einer Situation reflektieren. Unabhängig von der Situation empfiehlt Taylor, wenn eine Emotion aufkommt, innezuhalten. Fühlen, atmen und beobachten – jedoch ohne zu bewerten oder darauf zu reagieren. Ziel ist es, einen Schritt zurückzutreten und Raum zwischen unseren Emotionen und unseren Gedanken zu schaffen. Sobald wir die Emotion voll und ganz wahrgenommen und überstanden haben, können wir unserem Gehirn eine neue Aufgabe geben. Anstatt dass wir uns in der Emotion verlieren und möglicherweise in einer Negativitätsschleife hängen bleiben, lenken wir unsere Gedanken und unser Verhalten in eine positive oder zumindest neutrale Richtung.

Durch das bewusste Wahrnehmen und Zulassen von Emotionen lernen wir, diese besser zu verstehen und auszuhalten. Über die Zeit kann das zu einer erhöhten Frustrationstoleranz führen. Ähnlich wie Kinder lernen, mit Frustration umzugehen, indem sie erleben, dass negative Gefühle vergehen und bewältigbar sind, können auch Erwachsene durch Übung lernen, emotionalen Stress besser zu bewältigen. Im Kontext von Taylors Theorie bedeutet das, dass starke Gefühlsausbrüche mit der Zeit seltener werden, da wir besser in der Lage sind, unsere emotionalen Reaktionen zu regulieren und aufzulösen.

Im Sinne der 90-Sekunden-Regel gewöhnen wir uns ab, sofort zu reagieren oder auch sofort Ja zu etwas zu sagen. Es erfordert Übung, vor allem in emotional aufgeladenen Situationen oder insbesondere dann, wenn man eher der Harmonie-Typ ist, der versucht, es allen recht zu machen. Dann ist die Stille, die man normalerweise aus dem Affekt heraus mit einem »Ja« füllen würde, kaum auszuhalten. Bekommt man eine WhatsApp-Nachricht, ist es leichter, erst mal ganz in Ruhe zu überlegen, wie man sich verhalten möchte. Befindet man sich in der direkten Interaktion mit einer anderen Person, gestaltet sich das natürlich etwas schwieriger. Aber auch hier ist es möglich, Abstand von der Situation zu gewinnen. Wenn man sich zum Beispiel im Gespräch mit dem Partner oder der Partnerin befindet, kann man kommunizieren, dass man einen Moment braucht, um nachzudenken oder auch, um sich zu beruhigen.

Wer noch Schwierigkeiten hat, Raum einzunehmen oder die eigenen Bedürfnisse klar zu formulieren, kann sich Luft verschaffen und kurz auf die Toilette gehen. Das mag banal klingen, aber es ist eine sehr effektive Strategie, um Abstand von einer schwierigen Situation zu gewinnen und in die Selbstregulation zu gehen. Selbstregulation hat immer oberste Priorität.

Spannungsabbau

Du befindest dich in einer Situation, aus der du am liebsten fliehen würdest? Vielleicht ist dir aber auch danach, einer

Person jetzt eine richtige Szene zu machen? Dein Nervensystem läuft auf Hochtouren. Versuch mal die folgenden Übungen, für die du nur ein paar Minuten Zeit und einen ungestörten Ort brauchst. Insbesondere, wenn du wütend bist, funktionieren sie gut als Ventil. Ein hilfreicher Merksatz ist: Raus aus dem Kopf, rein in den Körper! Hilft immer, versprochen!

20 Hampelmänner
10 Kniebeugen
5 Liegestütz
3 Burpees

Such dir eine der Übungen für den nächsten »Notfall« aus und wenn du die Wiederholungszahl geschafft hast, halte inne. Nimm drei tiefe Atemzüge und beobachte, wie sich dein Körperbefinden verändert. Wiederhole die Übung so lange, bis du eine positive Veränderung bemerkst.

Beruhigung

1. *Reibe deine Handflächen so lange aneinander, bis sie warm werden.*
2. *Lege nun deinen Kopf in deine Hände und lasse dabei jegliche Spannungen im Nacken- und Schulterbereich los.*
3. *Atme dreimal tief durch die Nase ein und durch den Mund wieder aus. Es kann helfen, im Stillen*

»Einatmen, ausatmen« zu sagen, um das negative Gedankenkarussell zu stoppen. Lasse bewusst die Spannung im Nacken- und Schulterbereich los.

4. *Löse den Kopf aus deinen Händen. Spüre in dich hinein. Bei Bedarf wiederholen.*

Wer gern mit ätherischen Ölen arbeitet, kann diese Übung auch abwandeln und eine »Handinhalation« machen. Der Ablauf ist wie oben, nur dass man dazu ein beruhigendes Öl auf die Handflächen gibt.

Reality-Check

Unsere Gedanken beeinflussen unsere Stimmung, und unsere Stimmung beeinflusst unser Tun. Wenn wir gute Gedanken denken, ist das gut für uns. Um gute Gedanken zu denken, brauchen wir in unserem Kopf erst mal Platz dafür. Denn viel zu oft denken wir völligen Blödsinn und kreieren uns damit unsere subjektive Wahrheit. Doch Gedanken sind nur Gedanken und keine Realität! Um zu einem neutralen Beobachter einer Situation zu werden, hilft der »Reality Check«:

1. *Wenn du bemerkst, dass du dich in einem negativen Gedankenstrudel verloren hast, setze ein Stopp. Du kannst es denken oder aussprechen: STOPP!*

2. *Identifiziere deine negativen Gedanken und beziehe dich aufs Hier und Jetzt. Streiche Generalisierungen wie immer, nie, alle: »Ich befinde mich in Situation xy. Jetzt denke ich gerade, dass ich …«*
3. *Überprüfe deine Gedanken und versuche, eine realistischere Perspektive einzunehmen. Viel zu selten überprüfen wir nämlich den tatsächlichen Wahrheitsgehalt dessen, was in unserem Kopf 24/7 abgeht.*

»Stimmt das, was ich denke, wirklich?«
»Gibt es Beweise dafür?«
»Was sind die Fakten?«
»Stärkt mich dieses Denken?«
»Welche Konsequenzen hat dieses Denken für mich (aktuell, jetzt gerade)?«
»Wie fühlt sich der Gedanke/die Bewertung an?«

Perspektivwechsel

Wir bewerten Situationen oder Handlungen anderer Menschen oft aufgrund unserer Erfahrungen, Überzeugungen und Erwartungen. Wenn wir uns deshalb schlecht fühlen, macht es Sinn, über eine neue beziehungsweise andere mögliche Bedeutungen nachzudenken. Indem wir uns bewusst machen, dass unsere Bewertungen und Interpretationen nicht die einzige mögliche Sichtweise sind, eröffnen wir uns die Möglichkeit, alternative Bedeutungen zu finden. Wir können uns fragen, ob es positivere oder andere plausible Erklärungen für das Verhalten oder die Situation gibt, die nicht mit unseren negativen Bewertungen einhergehen. Es geht bei solchen Übungen nicht darum, sich die Situation schönzureden, sondern spielerisch neue Denkanstöße und Perspektiven zu entwickeln.

»Worauf richte ich meine Aufmerksamkeit?«
»Wo liegt mein Fokus? Auf dem Positiven oder auf dem Negativen?«
»Was ist das Positive an dem Problem? Welche positiven Aspekte habe ich bisher nicht bedacht?«
»Was könnte es noch bedeuten?«
»Welche Bedeutung/Bewertung möchte ich dieser Situation geben?«

Ich schaffe das!

Wir erinnern uns daran, dass gewaltfreie Kommunikation nicht nur in der Interaktion mit Dritten gilt, sondern auch mit uns selbst. Alle Übungen sind wirkungslos, wenn du dich selbst verurteilst und zu hart mit dir ins Gericht gehst.

Wenn du Schwierigkeiten hast, rufe dir bestärkende Sätze ins Bewusstsein und erinnere dich daran, wer du bist, was du willst und welche Ziele du erreichen möchtest. Aktiviere deinen inneren Coach und deine Ressourcen. Du kannst jede Situation bewältigen. Sage dir: »Ich schaffe das!« Rufe dir eine Situation ins Gedächtnis, die gut war und in der du voll und ganz von dem überzeugt warst, was du getan hast, und in der du dich voller Energie und Sicherheit gefühlt hast. Spüre in die Situation hinein: Wann und wo war das? Wie habe ich mich gefühlt? Sobald du das Gefühl von Stärke, Souveränität und Sicherheit aus der früheren Situation wahrnehmen kannst, verknüpfe es zum Beispiel mit der Siegerpose. Blick nach vorn, Schultern zurück, tief durchatmen und gestärkt und zuversichtlich die Situation meistern, die zwar unangenehm ist, dich aber nicht aus der Bahn werfen kann.

Memory Days

Setzt euch in eurem Alltag wichtige Beziehungsanker und sorgt dafür, dass ihr auf allen Ebenen in Verbindung bleibt. Mein Mann und ich haben bei uns zu Hause einen Jahreskalender hängen und markieren dort mindestens einmal im Quartal »Memory Days«. Das sind Tage für bewusste und geplante Qualitätszeit, die wir für uns als Paar reservieren. Memory Days müssen für uns nicht zwangsweise etwas Großes sein. Es geht eher darum, schöne Momente gemeinsam zu erleben, an die wir uns gern erinnern und die uns im Gedächtnis bleiben.

Häufig unterschätzen wir, was für einen großen Effekt Kleinigkeiten ausmachen! Wenn ihr Kinder habt oder aus anderen Gründen unglaublich beschäftigt seid, überlegt euch, wie ihr kleine Inseln schaffen könnt, in denen ihr euch Aufmerksamkeit und Nähe schenken könnt.

Einmal im Quartal geplante und exklusive Paar-Zeit. Es geht darum, die Beziehung zum Beziehungsmenschen in den Fokus zu stellen und gemeinsame Erlebnisse zu schaffen.

Die Memory Days am besten im Vorhinein planen und ihnen eine hohe Priorität geben.

Zwiegespräch

Michael Lukas Moeller hat das sogenannte Zwiegespräch entwickelt. Ich wende diese Methode selbst sehr gern im Coaching an, weil sie von Paaren auch ohne fremde Hilfe umgesetzt werden kann. Die Übung kann helfen, Bedürfnisse und einfach alles, was uns gerade beschäftigt, bewusster wahrzunehmen und zu kommunizieren. Wir sind aufgefordert, zuzuhören und uns in Impulskontrolle zu üben. Die Übung bietet uns außerdem die Gelegenheit, zu erfahren, was unsere Partner:innen wirklich bewegt.

Hier ist eine einfache Anleitung, um euch beim Zwiegespräch zu unterstützen:

1. *Macht einen wöchentlichen Termin von mindestens einer Stunde aus.*
2. *Sorgt dafür, dass ihr ungestört seid.*
3. *Setzt euch einander gegenüber.*

4. *Sprecht über das, was euch aktuell am meisten bewegt – das kann ein Beziehungsthema sein, aber auch etwas ganz anderes. Es geht nicht nur um Tatsachen, sondern vor allem um eure Gefühle, Wünsche, Hoffnungen, Sorgen, Ängste und Erwartungen. Jede:r bleibt bei sich und sendet Ich-Botschaften! Alles, was euch beschäftigt, ist wichtig. Welches Thema ist gerade akut? Werdet so konkret, wie es nur geht. No-Gos sind Kritik, Vorwürfe, versteckte Handlungsanweisungen*
5. *Entscheidet gemeinsam, wer anfängt.*
6. *Alle 10–15 Minuten wechselt ihr die Rolle: Eine Person spricht, die andere hört zu. Stellt euch einen Wecker.*

Unterbrecht und kommentiert (auch nonverbal) das Gesagte nicht! Nur Fragen zum besseren Verständnis sind erlaubt. Beginnt und endet pünktlich. Die 15 Minuten werden weder verkürzt noch verlängert. Wenn eine Person ihre Zeit nicht vollständig ausnutzt, entsteht eine Pause. Was im Zwiegespräch gesagt wurde, bleibt unkommentiert. Sprecht erst am nächsten Tag wieder darüber.

RADAR

Eine anderes Kommunikationstool ist die sogenannte RADAR-Methode.[20] Die Idee ist auch hier, regelmäßig einen festen Termin miteinander zu vereinbaren und in den Austausch zu gehen. Anders als im Zwiegespräch gibt es eine feste Agenda, und das Gespräch ist insgesamt etwas systematischer. Die RADAR-Methode besteht aus fünf Schritten.

Bevor ihr loslegt, sprecht offen darüber, was das Ziel des Gesprächs ist, und vereinbart direkt einen Termin für das nächste RADAR. Möchtet ihr jetzt etwas teilen und gehört werden? Wünscht ihr euch Trost, Lob oder Zuspruch? Gibt's was zu feiern? Oder gibt es ein konkretes Problem, zu dem ihr eine Lösung sucht, euch Hilfe oder Rat wünscht?

Schritt 1: Review
Der erste Schritt besteht darin, zu schauen, was seit dem letzten RADAR passiert ist. Worum ging es, was hattet ihr euch vorgenommen? Was davon habt ihr erfolgreich umgesetzt? Welche Themen sind noch offen? Wenn sie noch relevant sind, kommen sie wieder auf eure Diskussions-Liste, wenn nicht, könnt ihr sie streichen oder vertagen.

Schritt 2: Agree
Welche konkreten Themen stehen heute auf der Agenda, und in welcher Reihenfolge wollt ihr sie besprechen?
Die Themenbereiche könnten sein: Quality Time, Sex, Gesundheit, andere Partner:innen, Konflikte / Probleme, Finanzen, Beruf, Reisen, Familie / Freunde, Haushalt, Verschiedenes

Schritt 3: Discuss
Jetzt geht ihr die Themen-Liste durch und bespracht jedes noch so unwichtig erscheinende Thema. Hakt auch die Lebensbereiche oder Themen ab, wo alles im Lot ist.

Schritt 4: Action Points
Im vierten Schritt legt ihr konkrete und messbare Ziele fest, die ihr erreichen wollt, und was ihr dafür tun müsst.

Schritt 5: Re-Connect
Zum Schluss zeigt ihr euch eure Wertschätzung füreinander, macht euch Komplimente, lacht miteinander, kuschelt oder habt Sex. Das Ziel ist, euch miteinander zu verbinden und zu entspannen.

Dieses Kapitel bietet dir eine kleine Auswahl an Übungen und Impulsen, die dir helfen sollen, stressige Situationen besser zu bewältigen, die Kommunikation zwischen euch zu verbessern und immer wieder Momente der Verbindung zu schaffen. Jetzt bist du dran! Denn keine Methode, keine Übung der Welt nützt, wenn sie keine praktische Anwendung findet. Wir wollen nicht, dass diese Tipps und Übungen nur Theorie bleiben und in den Tiefen deines Gedächtnisses verschwindet, oder? Natürlich nicht! Hier sind drei simple Schritte, um *jetzt* ins Handeln zu kommen:

1. Kalender raus!

Ja, genau jetzt. Schnapp dir deinen Kalender oder dein Handy. Blätter noch mal durchs Buch und schau, wo du dir wichtige Dinge markiert hast. Du kannst das natürlich auch gemeinsam mit deinem Partner und deiner Partnerin machen. Welche Themen, welche Übungen findest du besonders spannend? Welche willst du oder wollt ihr im Alltag umsetzen? Wählt eine oder zwei davon aus und plant sie für die nächste Woche ein. Egal, ob es die Planung der »Memory Days«, eines Zwiegesprächs oder die Beantwortung der Reflexionsfragen eines Kapitels ist – setzt einen festen Termin. So wird aus einem »Ah ja, spannend, könnte man echt mal machen« ein konkretes Vorhaben.

2. Notizbuch besorgen

Selbstreflexion ist ein mächtiges Tool, aber sie funktioniert nur, wenn sie auch wirklich praktiziert wird. Besorg dir ein Notizbuch – eines, das du gerne in die Hand nimmst. Leg es auf den Nachttisch oder nimm es überall mit hin. Nimm dir täglich 5–10 Minuten, um deine Gedanken und deine Gefühle aufzuschreiben. Du kannst auch die Reflexionsfragen aus diesem Buch aufschreiben und beantworten. Da du ja sowieso gerade deinen Kalender zur Hand hast, trag dir diese *Me-Time* unbedingt ein.

3. Accountability

Kennen wir das nicht alle? Manchmal brauchen wir einen Schubs von außen. Macht euch gegenseitig zu euren *Ac-*

countability-Buddies! Erinnert euch regelmäßig an die Übungen und checkt ein, wie es euch geht. Gemeinsam ist es leichter! Nicht zu vergessen: Habt Spaß! Erinnert euch immer wieder daran, warum ihr euch für den Weg in eine offene Beziehung entschieden habt. Es wird Höhen und Tiefen geben, aber mit der richtigen Herangehensweise sind jeder Moment, jedes Lachen und jede Träne es wert.

Also, los geht's! Der beste Zeitpunkt, etwas zu verändern, ist JETZT.

Schlussgedanken

Bevor du das Buch schließt, möchte ich noch ein paar abschließende Gedanken mit dir teilen. Liebe ist echt krass, oder? Sie ist verrückt, chaotisch und manchmal auch ziemlich kompliziert. Manchmal treibt sie uns fast in den Wahnsinn. Wir haben hier ein bisschen tiefer gegraben und uns Facetten von Liebe und Beziehungen angeschaut, die nicht jede:r für sich in Erwägung zieht. High five an dich! Allein das zeugt schon von Offenheit und der Bereitschaft, nicht einfach ausgetretenen Pfaden zu folgen. Und das ist mutig.

Du bist mutig!

Liebe, besonders in ihrer authentischsten Form, braucht diesen Mut. Denn sich verletzlich zu zeigen und jemanden so nah an sich heranzulassen birgt immer auch das Risiko, verletzt zu werden. Die eigenen Bedürfnisse ernst zu nehmen, Grenzen zu setzen und sich selbst zur Priorität zu machen ist noch mal mutiger in einer Welt, in der uns vorgelebt wird, dass das egoistisch sei. Doch das ist es nicht! Du kannst anderen nur einschenken, wenn dein eigenes Glas voll ist.

Ganz egal, welche Form von Beziehung du für dich wählst, eine »One-fits-all«-Lösung gibt es nicht. Es gibt nur DEINEN Weg, der wirklich für dich funktioniert und das Potenzial hat, dich glücklich zu machen.

Geh los und kreiere die Zufälle in deinem Leben, anstatt tatenlos am Rand zu stehen und darauf zu warten, dass etwas Gutes passiert. Du kannst nicht alles kontrollieren, und darum geht es auch nicht. Es geht vielmehr darum, bewusst Möglichkeiten zu schaffen, Chancen zu nutzen, Risiken einzugehen und aus deiner Komfortzone herauszutreten. Woran möchtest du dich erinnern, wenn du alt bist? An eine »okaye« Beziehung? Oder an Beziehungen, in denen du dich lebendig gefühlt hast? Und ich rede hier nicht nur von Liebesbeziehungen, sondern auch von der Beziehung zu dir selbst. Diese Beziehung verdient es am allermeisten, voller Leidenschaft und Authentizität gelebt zu werden.

Trau dich, Liebe neu zu definieren – auf DEINE Weise. Denn was zählt am Ende? Zählt nicht vor allem, dass du dir selbst treu bleibst und mit einem Lächeln zurückblicken kannst? Und das ist es, was ich mir für dich wünsche. Dass du anfängst, die Beziehung zu führen, an die du dich am Ende deines Lebens mit Bauchkribbeln erinnerst.

In Liebe und mit einem Augenzwinkern,
Deine Svenja

Anmerkungen

1 Keith M. Bellezzi: »Cognitive biases and brain biology help explain why facts don't change minds«, 11.08.2022, in: *theconversation.com*, https://theconversation.com/cognitive-biases-and-brain-biology-help-explain-why-facts-dont-change-minds-186530 (letzter Zugriff: 17.08.2023).

2 Brigitte Vasallo: »Zine: Monogames Denken, Polyamorer Terror«, in: *feminar-bonn.de*, https://feminar-bonn.de/weitere-projekte/zine-monogames-denken-poliamorer-terror/, deutsche Übersetzung von: *Pensamiento Monógamo, Terror Poliamoroso* (2018) (letzter Zugriff 17.08.2023) S. 8–10.

3 Beatrice Bartsch: »Serielle Monogamie statt lebenslange Liebe: Bundesbürger haben im Schnitt 3,4 Partnerschaften«, 25.02.2019, in: *elitepartner.de* (letzter Zugriff: 17.08.2023).

4 Melanie Mittermaier: »Die typischen 4 Phasen einer Beziehung«, 11.04.2019, in: *melanie-mitterbaier.de*, https://melanie-mittermaier.de/blog/phasen-einer-beziehung/ (letzter Zugriff 17.08.2023).

5 Tara-Louise Wittwer: »Männer, die eine Frau lieben, sind nicht frei von Misogynie«, 03.10.2022, in: *Zeit.de*, https://www.zeit.de/campus/2022-10/tara-louise-wittwer-wastarasagt-misogynie-tictoxic (letzter Zugriff 17.08.2023).

6 Brigitte Vasallo: »Zine: Monogames Denken, Polyamorer Terror«, in: feminar-bonn.de, https://feminar-bonn.de/weitere-projekte/zine-monogames-denken-poliamorer-terror/, deutsche Übersetzung von: Pensamiento Monógamo, Terror Poliamoroso (2018) (letzter Zugriff 17.08.2023) S. 9.

7 Susann Pásztor, Klaus-Dieter Gens: »Scheingefühle oder »echte« Gefühle«, 13. 10. 2020, in: *fachverband-gfk.de*, https://www.fachverband-gfk.org/scheingefuehle-oder-echte-gefuehle (letzter Zugriff 17. 08. 2023).

8 Michaela Arlinghaus: »Bedürfnisse ermitteln und ausdrücken – eine Anleitung in 6 Schritten«, 01. 09. 2021, in: *michaela-arlinghaus.de*, https://michaela-arlinghaus.de/beduerfnisse-ermitteln-und-ausdruecken-eine-anleitung-in-6-schritten/.

9 Bernd Taglieber und Steffen Raebricht: TRANSAKTIONSANALYSE EINFACH ERKLÄRT (mit Aha-Effekt) https://transaktionsanalyse-online.de/transaktionsanalyse-einfach-erklaert/#easy-footnote-4-6824 (letzter Zugriff 17. 08. 2023)

10 Vgl.: Günther Mohr (2008): *Coaching und Selbstcoaching mit Transaktionsanalyse. Professionelle Beratung mit integrativer Transaktionsanalyse,* Gevelsberg: EHP, S. 199.

11 Vgl.: Ian Stewart, Van Joines (2000): *Die Transaktionsanalyse.* Freiburg: Herder, S. 99.

12 Bernd Taglieber und Steffen Raebricht: TRANSAKTIONSANALYSE EINFACH ERKLÄRT (mit Aha-Effekt) https://transaktionsanalyse-online.de/wp-content/uploads/2017/09/Übung-Ich-zustände-transaktionsanalyse.pdf (letzter Zugriff 17. 08. 2023).

13 F. Glasl (1992): *Konfliktmanagement: ein Handbuch zur Diagnose und Behandlung von Konflikten für Organisationen und ihre Berater.* 3. Auflage, Stuttgart: Verlag Freies Geistesleben, S. 218 f.

14 A. Hartmann-Piraudeau (2021): *Raus aus der Konfliktspirale.* Auch die folgenden Schritte sind an dieses Buch angelehnt.

15 Ebd., S. 81–82.

16 Ebd., S. 83–86.

17 Ebd., S. 86 ff.

18 Karin Mager: »6 Wege zum Umgang mit Wertkonflikten«, in: *faire-kommunikation.de,* https://faire-kommunikation.de/6-wege-zum-umgang-mit-wertkonflikten/ (letzter Zugriff 17.08.2023).

19 STI steht für »*Sexually transmitted infections*«, also sexuell übertragbare Infektionen. Weltweit gibt es rund 30 verschiedene STI, besonders verbreitet sind Chlamydien, Trichomonaden, Gonorrhö (Tripper), Syphilis, HPV und HIV. Weitere Informationen gibt es auf www.hornyhive.de.

20 Jase Lindgren, Dedeker Winston, Emily Sotelo Matlack: Multiamory (2023): Essential Tools for modern relationships, https://www.multiamory.com/radar.